CHINEES
WOORDENSCHAT

THEMATISCHE WOORDENLIJST

NEDERLANDS CHINEES

De meest bruikbare woorden
Om uw woordenschat uit te breiden en
uw taalvaardigheid aan te scherpen

5000 woorden

Thematische woordenschat Nederlands-Chinees - 5000 woorden
Door Andrey Taranov

Woordenlijsten van T&P Books zijn bedoeld om u woorden van een vreemde taal te helpen leren, onthouden, en bestudering. Dit woordenboek is ingedeeld in thema's en behandelt alle belangrijk terreinen van het dagelijkse leven, bedrijven, wetenschap, cultuur, etc.

Het proces van het leren van woorden met behulp van de op thema's gebaseerde aanpak van T&P Books biedt u de volgende voordelen:

- Correct gegroepeerde informatie is bepalend voor succes bij opeenvolgende stadia van het leren van woorden
- De beschikbaarheid van woorden die van dezelfde stam zijn maakt het mogelijk om woordgroepen te onthouden (in plaats van losse woorden)
- Kleine groepen van woorden faciliteren het proces van het aanmaken van associatieve verbindingen, die nodig zijn bij het consolideren van de woordenschat
- Het niveau van talenkennis kan worden ingeschat door het aantal geleerde woorden

Copyright © 2015 T&P Books Publishing

Alle rechten voorbehouden. Niets uit deze uitgave mag worden verveelvoudigd, opgeslagen in een geautomatiseerd gegevensbestand en/of openbaar gemaakt in enige vorm of op enige wijze, hetzij elektronisch, mechanisch, door fotokopieën, opnamen of op enige andere manier zonder voorafgaande schriftelijke toestemming van de uitgever. U mag dit boek niet verspreiden in welk formaat dan ook.

T&P Books Publishing
www.tpbooks.com

ISBN: 978-1-78492-346-4

Dit boek is ook beschikbaar in e-boek formaat.
Gelieve www.tpbooks.com te bezoeken of de belangrijkste online boekwinkels.

CHINESE WOORDENSCHAT
nieuwe woorden leren

T&P Books woordenlijsten zijn bedoeld om u te helpen vreemde woorden te leren, te onthouden, en te bestuderen. De woordenschat bevat meer dan 5000 veel gebruikte woorden die thematisch geordend zijn.

- De woordenlijst bevat de meest gebruikte woorden
- Aanbevolen als aanvulling bij welke taalcursus dan ook
- Voldoet aan de behoeften van de beginnende en gevorderde student in vreemde talen
- Geschikt voor dagelijks gebruik, bestudering en zelftestactiviteiten
- Maakt het mogelijk om uw woordenschat te evalueren

Bijzondere kenmerken van de woordenschat

- De woorden zijn gerangschikt naar hun betekenis, niet volgens alfabet
- De woorden worden weergegeven in drie kolommen om bestudering en zelftesten te vergemakkelijken
- Woorden in groepen worden verdeeld in kleine blokken om het leerproces te vergemakkelijken
- De woordenschat biedt een handige en eenvoudige beschrijving van elk buitenlands woord

De woordenschat bevat 155 onderwerpen zoals:

Basisconcepten, getallen, kleuren, maanden, seizoenen, meeteenheden, kleding en accessoires, eten & voeding, restaurant, familieleden, verwanten, karakter, gevoelens, emoties, ziekten, stad, dorp, bezienswaardigheden, winkelen, geld, huis, thuis, kantoor, werken op kantoor, import & export, marketing, werk zoeken, sport, onderwijs, computer, internet, gereedschap, natuur, landen, nationaliteiten en meer ...

INHOUDSOPGAVE

Uitspraakgids	9
Afkortingen	11

BASISBEGRIPPEN	12
Basisbegrippen Deel 1	12

1. Voornaamwoorden	12
2. Begroetingen. Begroetingen. Afscheid	12
3. Hoe aan te spreken	13
4. Kardinale getallen. Deel 1	13
5. Kardinale getallen. Deel 2	14
6. Ordinale getallen	15
7. Getallen. Breuken	15
8. Getallen. Eenvoudige berekeningen	15
9. Getallen. Diversen	15
10. De belangrijkste werkwoorden. Deel 1	16
11. De belangrijkste werkwoorden. Deel 2	17
12. De belangrijkste werkwoorden. Deel 3	18
13. De belangrijkste werkwoorden. Deel 4	19
14. Kleuren	20
15. Vragen	20
16. Voorzetsels	21
17. Functiewoorden. Bijwoorden. Deel 1	21
18. Functiewoorden. Bijwoorden. Deel 2	23

Basisbegrippen Deel 2	25

19. Dagen van de week	25
20. Uren. Dag en nacht	25
21. Maanden. Seizoenen	26
22. Meeteenheden	28
23. Containers	28

MENS	30
Mens. Het lichaam	30

24. Hoofd	30
25. Menselijk lichaam	31

Kleding en accessoires	32

26. Bovenkleding. Jassen	32
27. Heren & dames kleding	32

28. Kleding. Ondergoed	33
29. Hoofddeksels	33
30. Schoeisel	33
31. Persoonlijke accessoires	34
32. Kleding. Diversen	34
33. Persoonlijke verzorging. Schoonheidsmiddelen	35
34. Horloges. Klokken	36

Voedsel. Voeding	37
35. Voedsel	37
36. Drankjes	38
37. Groenten	39
38. Vruchten. Noten	40
39. Brood. Snoep	41
40. Bereide gerechten	41
41. Kruiden	42
42. Maaltijden	43
43. Tafelschikking	44
44. Restaurant	44

Familie, verwanten en vrienden	45
45. Persoonlijke informatie. Formulieren	45
46. Familieleden. Verwanten	45

Geneeskunde	47
47. Ziekten	47
48. Symptomen. Behandelingen. Deel 1	48
49. Symptomen. Behandelingen. Deel 2	49
50. Symptomen. Behandelingen. Deel 3	50
51. Artsen	51
52. Geneeskunde. Medicijnen. Accessoires	51

HET MENSELIJKE LEEFGEBIED	52
Stad	52
53. Stad. Het leven in de stad	52
54. Stedelijke instellingen	53
55. Borden	54
56. Stedelijk vervoer	55
57. Bezienswaardigheden	56
58. Winkelen	57
59. Geld	58
60. Post. Postkantoor	59

Woning. Huis. Thuis	60
61. Huis. Elektriciteit	60

62. Villa. Herenhuis	60
63. Appartement	60
64. Meubels. Interieur	61
65. Beddengoed	62
66. Keuken	62
67. Badkamer	63
68. Huishoudelijke apparaten	64

MENSELIJKE ACTIVITEITEN	**65**
Baan. Business. Deel 1	**65**
69. Kantoor. Op kantoor werken	65
70. Bedrijfsprocessen. Deel 1	66
71. Bedrijfsprocessen. Deel 2	67
72. Productie. Werken	68
73. Contract. Overeenstemming.	69
74. Import & Export	70
75. Financiën	70
76. Marketing	71
77. Reclame	72
78. Bankieren	72
79. Telefoon. Telefoongesprek	73
80. Mobiele telefoon	74
81. Schrijfbehoeften	74
82. Soorten bedrijven	74

Baan. Business. Deel 2	**77**
83. Show. Tentoonstelling	77
84. Wetenschap. Onderzoek. Wetenschappers	78

Beroepen en ambachten	**79**
85. Zoeken naar werk. Ontslag	79
86. Zakenmensen	79
87. Dienstverlenende beroepen	80
88. Militaire beroepen en rangen	81
89. Ambtenaren. Priesters	82
90. Agrarische beroepen	82
91. Kunst beroepen	83
92. Verschillende beroepen	83
93. Beroepen. Sociale status	85

Onderwijs	**86**
94. School	86
95. Hogeschool. Universiteit	87
96. Wetenschappen. Disciplines	87
97. Schrift. Spelling	88
98. Vreemde talen	89

Rusten. Entertainment. Reizen	91
99. Trip. Reizen	91
100. Hotel	91

TECHNISCHE APPARATUUR. VERVOER	93
Technische apparatuur	93
101. Computer	93
102. Internet. E-mail	94
103. Elektriciteit	95
104. Gereedschappen	95

Vervoer	98
105. Vliegtuig	98
106. Trein	99
107. Schip	100
108. Vliegveld	101

Gebeurtenissen in het leven	103
109. Vakanties. Evenement	103
110. Begrafenissen. Begrafenis	104
111. Oorlog. Soldaten	104
112. Oorlog. Militaire acties. Deel 1	105
113. Oorlog. Militaire acties. Deel 2	107
114. Wapens	108
115. Oude mensen	110
116. Middeleeuwen	110
117. Leider. Baas. Autoriteiten	112
118. De wet overtreden. Criminelen. Deel 1	113
119. De wet overtreden. Criminelen. Deel 2	114
120. Politie. Wet. Deel 1	115
121. Politie. Wet. Deel 2	116

NATUUR	118
De Aarde. Deel 1	118
122. De kosmische ruimte	118
123. De Aarde	119
124. Windrichtingen	120
125. Zee. Oceaan	120
126. Namen van zeeën en oceanen	121
127. Bergen	122
128. Bergen namen	123
129. Rivieren	123
130. Namen van rivieren	124
131. Bos	124
132. Natuurlijke hulpbronnen	125

De Aarde. Deel 2   127

133. Weer   127
134. Zwaar weer. Natuurrampen   128

Fauna   129

135. Zoogdieren. Roofdieren   129
136. Wilde dieren   129
137. Huisdieren   130
138. Vogels   131
139. Vis. Zeedieren   133
140. Amfibieën. Reptielen   133
141. Insecten   134

Flora   135

142. Bomen   135
143. Heesters   135
144. Vruchten. Bessen   136
145. Bloemen. Planten   136
146. Granen, graankorrels   138

LANDEN. NATIONALITEITEN   139

147. West-Europa   139
148. Centraal- en Oost-Europa   139
149. Voormalige USSR landen   140
150. Azië   140
151. Noord-Amerika   141
152. Midden- en Zuid-Amerika   141
153. Afrika   142
154. Australië. Oceanië   142
155. Steden   142

UITSPRAAKGIDS

Letter	Chinees voorbeeld	T&P fonetisch alfabet	Nederlands voorbeeld
a	tóufa	[a]	acht
ai	hǎi	[aɪ]	byte, majoor
an	bèipàn	[an]	ander, panamahoed
ang	pīncháng	[õ]	nasale [a]
ao	gǎnmào	[aʊ]	blauw
b	Bànfǎ	[p]	parallel, koper
c	cǎo	[tsh]	handschoenen
ch	chē	[tʃh]	aspiraat ch
d	dīdá	[t]	tomaat, taart
e	dēngjì	[ɛ]	elf, zwembad
ei	běihǎi	[eɪ]	Azerbeidzjan
en	xúnwèn	[ə]	formule, wachten
eng	bēngkuì	[ə̃]	nasale [e]
er	érzi	[ɛr]	opmerken, sterk
f	fǎyuàn	[f]	feestdag, informeren
g	gōnglǜ	[k]	kennen, kleur
h	hǎitún	[h]	het, herhalen
i	fēijī	[i:]	team, portier
ia	jiā	[jɑ]	januari, jaar
ian	kànjiàn	[jʌn]	januari
ie	jiéyuē	[je]	project, yen
in	cónglín	[i:n]	zestien, tiende
j	jīqì	[tɕ]	ongeveer 'tjie'
k	kuàilè	[kh]	deukhoed, Stockholm
l	lúnzi	[l]	delen, luchter
m	hémǎ	[m]	morgen, etmaal
n	nǐ hǎo	[n]	nemen, zonder
o	yībō	[ɔ]	aankomst, bot
ong	chénggōng	[ü]	nasale [u]
ou	běiměizhōu	[ɔʊ]	snowboard,
p	pào	[ph]	ophouden, ophangen
q	qiáo	[tɕh]	ongeveer 'tsjie'
r	rè	[ʒ]	journalist, rouge
s	sàipǎo	[s]	spreken, kosten
sh	shāsī	[ʃ]	komt dichtbij [ch] - shampoo, machine
t	tūrán	[th]	luchthaven, stadhuis
u	dáfù	[u], [ʊ]	hoed, rood
ua	chuán	[ua]	trottoir, douane
un	yúchǔn	[u:n], [ʊn]	zoon, telefoon
ü	lǚxíng	[y]	fuut, uur
ün	shēnyùn	[jun]	juni, adjunct

Letter	Chinees voorbeeld	T&P fonetisch alfabet	Nederlands voorbeeld
uo	zuòwèi	[uɔ]	combinatie van klanken [u] en [o]
w	wùzhì	[w]	twee, willen
x	xiǎo	[ɕ]	Chicago, jasje
z	zérèn	[ts]	niets, plaats
zh	zhǎo	[dʒ]	jeans, jungle

Opmerkingen

Eerste toon (hoog niveau toon) In de eerste toon blijft de toonhoogte van uw stem constant en enigszins hoog door de lettergreep. Voorbeeld - mā Tweede toon (omhoog gaande toon)
In de tweede toon, gaat de toonhoogte van uw stem licht omhoog tijdens het uitspreken van de lettergreep. Voorbeeld - má Derde toon (laag-vallend-omhoog gaande toon)
In de derde toon, gaat de toonhoogte van uw stem omlaag, en gaat dan weer omhoog in dezelfde lettergreep. Voorbeeld - mǎ Vierde toon (dalende toon)
In de vierde toon, de toonhoogte van uw stem gaat scherp naar beneden tijdens de lettergreep. Voorbeeld - mà vijfde toon (neutrale toon)
In de neutrale toon, hangt de toonhoogte van uw stem af van het woord dat u zegt, maar is normaal gesproken gezegd korter en zachter dan de andere lettergrepen. Voorbeeld - ma

AFKORTINGEN
gebruikt in de woordenschat

Nederlandse afkortingen

mann.	-	mannelijk
vrouw.	-	vrouwelijk
mv.	-	meervoud
on.ww.	-	onovergankelijk werkwoord
ov.ww.	-	overgankelijk werkwoord
bn	-	bijvoeglijk naamwoord
bw	-	bijwoord
abn	-	als bijvoeglijk naamwoord
bijv.	-	bijvoorbeeld
enz.	-	enzovoort
wisk.	-	wiskunde
enk.	-	enkelvoud
ov.	-	over
mil.	-	militair
vn	-	voornaamwoord
telb.	-	telbaar
form.	-	formele taal
ontelb.	-	ontelbaar
inform.	-	informele taal
vw	-	voegwoord
vz	-	voorzetsel
ww	-	werkwoord

Nederlandse artikelen

de	-	gemeenschappelijk geslacht
het	-	onzijdig
de/het	-	onzijdig, gemeenschappelijk geslacht

BASISBEGRIPPEN

Basisbegrippen Deel 1

1. Voornaamwoorden

ik	我	wǒ
jij, je	你	nǐ
hij	他	tā
zij, ze	她	tā
het	它	tā
wij, we	我们	wǒ men
jullie	你们	nǐ men
zij, ze (mann.)	他们	tā men

2. Begroetingen. Begroetingen. Afscheid

Hallo! Dag!	你好!	nǐ hǎo!
Hallo!	你们好!	nǐmen hǎo!
Goedemorgen!	早上好!	zǎo shàng hǎo!
Goedemiddag!	午安!	wǔ ān!
Goedenavond!	晚上好!	wǎn shàng hǎo!
gedag zeggen (groeten)	问好	wèn hǎo
Hoi!	你好!	nǐ hǎo!
groeten (het)	问候	wèn hòu
verwelkomen (ww)	欢迎	huān yíng
Hoe gaat het?	你好吗?	nǐ hǎo ma?
Is er nog nieuws?	有什么新消息?	yǒu shénme xīn xiāoxi?
Dag! Tot ziens!	再见!	zài jiàn!
Tot snel! Tot ziens!	回头见!	huí tóu jiàn!
Vaarwel!	再见!	zài jiàn!
afscheid nemen (ww)	说再见	shuō zài jiàn
Tot kijk!	回头见!	huí tóu jiàn!
Dank u!	谢谢!	xièxie!
Dank u wel!	多谢!	duō xiè!
Graag gedaan	不客气	bù kè qi
Geen dank!	不用谢谢!	bùyòng xièxie!
Geen moeite.	没什么	méi shén me
Excuseer me, ...	请原谅	qǐng yuán liàng
zich verontschuldigen	道歉	dào qiàn
Mijn excuses.	我道歉	wǒ dào qiàn

Het spijt me!	对不起!	duì bu qǐ!
vergeven (ww)	原谅	yuán liàng
alsjeblieft	请	qǐng
Vergeet het niet!	别忘了!	bié wàng le!
Natuurlijk!	当然!	dāng rán!
Natuurlijk niet!	当然不是!	dāng rán bù shi!
Akkoord!	同意!	tóng yì!
Zo is het genoeg!	够了!	gòu le!

3. Hoe aan te spreken

meneer	先生	xiān sheng
mevrouw	夫人	fū ren
juffrouw	姑娘	gū niang
jongeman	年轻人	nián qīng rén
jongen	小男孩	xiǎo nán hái
meisje	小女孩	xiǎo nǚ hái

4. Kardinale getallen. Deel 1

nul	零	líng
een	一	yī
twee	二	èr
drie	三	sān
vier	四	sì
vijf	五	wǔ
zes	六	liù
zeven	七	qī
acht	八	bā
negen	九	jiǔ
tien	十	shí
elf	十一	shí yī
twaalf	十二	shí èr
dertien	十三	shí sān
veertien	十四	shí sì
vijftien	十五	shí wǔ
zestien	十六	shí liù
zeventien	十七	shí qī
achttien	十八	shí bā
negentien	十九	shí jiǔ
twintig	二十	èrshí
eenentwintig	二十一	èrshí yī
tweeëntwintig	二十二	èrshí èr
drieëntwintig	二十三	èrshí sān
dertig	三十	sānshí
eenendertig	三十一	sānshí yī

tweeëndertig	三十二	sānshí èr
drieëndertig	三十三	sānshí sān
veertig	四十	sìshí
eenenveertig	四十一	sìshí yī
tweeënveertig	四十二	sìshí èr
drieënveertig	四十三	sìshí sān
vijftig	五十	wǔshí
eenenvijftig	五十一	wǔshí yī
tweeënvijftig	五十二	wǔshí èr
drieënvijftig	五十三	wǔshí sān
zestig	六十	liùshí
eenenzestig	六十一	liùshí yī
tweeënzestig	六十二	liùshí èr
drieënzestig	六十三	liùshí sān
zeventig	七十	qīshí
eenenzeventig	七十一	qīshí yī
tweeënzeventig	七十二	qīshí èr
drieënzeventig	七十三	qīshí sān
tachtig	八十	bāshí
eenentachtig	八十一	bāshí yī
tweeëntachtig	八十二	bāshí èr
drieëntachtig	八十三	bāshí sān
negentig	九十	jiǔshí
eenennegentig	九十一	jiǔshí yī
tweeënnegentig	九十二	jiǔshí èr
drieënnegentig	九十三	jiǔshí sān

5. Kardinale getallen. Deel 2

honderd	一百	yī bǎi
tweehonderd	两百	liǎng bǎi
driehonderd	三百	sān bǎi
vierhonderd	四百	sì bǎi
vijfhonderd	五百	wǔ bǎi
zeshonderd	六百	liù bǎi
zevenhonderd	七百	qī bǎi
achthonderd	八百	bā bǎi
negenhonderd	九百	jiǔ bǎi
duizend	一千	yī qiān
tweeduizend	两千	liǎng qiān
drieduizend	三千	sān qiān
tienduizend	一万	yī wàn
honderdduizend	十万	shí wàn
miljoen (het)	百万	bǎi wàn
miljard (het)	十亿	shíyì

6. Ordinale getallen

eerste (bn)	第一	dì yī
tweede (bn)	第二	dì èr
derde (bn)	第三	dì sān
vierde (bn)	第四	dì sì
vijfde (bn)	第五	dì wǔ
zesde (bn)	第六	dì liù
zevende (bn)	第七	dì qī
achtste (bn)	第八	dì bā
negende (bn)	第九	dì jiǔ
tiende (bn)	第十	dì shí

7. Getallen. Breuken

breukgetal (het)	分数	fēnshù
half	二分之一	èrfēn zhīyī
een derde	三分之一	sānfēn zhīyī
kwart	四分之一	sìfēn zhīyī
een achtste	八分之一	bāfēn zhīyī
een tiende	十分之一	shífēn zhīyī
twee derde	三分之二	sānfēn zhīèr
driekwart	四分之三	sìfēn zhīsān

8. Getallen. Eenvoudige berekeningen

aftrekking (de)	减法	jiǎn fǎ
aftrekken (ww)	减，减去	jiǎn, jiǎn qù
deling (de)	除法	chú fǎ
delen (ww)	除	chú
optelling (de)	加法	jiā fǎ
erbij optellen (bij elkaar voegen)	加	jiā
optellen (ww)	加	jiā
vermenigvuldiging (de)	乘法	chéng fǎ
vermenigvuldigen (ww)	乘	chéng

9. Getallen. Diversen

cijfer (het)	数字	shù zì
nummer (het)	数	shù
telwoord (het)	数词	shù cí
minteken (het)	负号	fù hào
plusteken (het)	正号	zhèng hào
formule (de)	公式	gōng shì
berekening (de)	计算	jì suàn

tellen (ww)	计算	jì suàn
bijrekenen (ww)	结算	jié suàn
vergelijken (ww)	比较	bǐ jiào

Hoeveel?	多少?	duōshao?
som (de), totaal (het)	和	hé
uitkomst (de)	结果	jié guǒ
rest (de)	余数	yú shù

enkele (bijv. ~ minuten)	几个	jǐ gè
weinig (bw)	不多	bù duō
restant (het)	剩下的	shèng xià de
anderhalf	一个半	yī gè bàn
dozijn (het)	一打	yī dá

middendoor (bw)	成两半	chéng liǎng bàn
even (bw)	平均地	píng jūn de
helft (de)	一半	yī bàn
keer (de)	次	cì

10. De belangrijkste werkwoorden. Deel 1

aanbevelen (ww)	推荐	tuī jiàn
aandringen (ww)	坚持	jiān chí
aankomen (per auto, enz.)	来到	lái dào
aanraken (ww)	摸	mō
adviseren (ww)	建议	jià nyì

afdalen (on.ww.)	下来	xià lai
afslaan (naar rechts ~)	转弯	zhuǎn wān
antwoorden (ww)	回答	huí dá
bang zijn (ww)	害怕	hài pà
bedreigen (bijv. met een pistool)	威胁	wēi xié

bedriegen (ww)	骗	piàn
beëindigen (ww)	结束	jié shù
beginnen (ww)	开始	kāi shǐ
begrijpen (ww)	明白	míng bai
beheren (managen)	管理	guǎn lǐ

beledigen (met scheldwoorden)	侮辱	wǔ rǔ
beloven (ww)	承诺	chéng nuò
bereiden (koken)	做饭	zuò fàn
bespreken (spreken over)	讨论	tǎo lùn

bestellen (eten ~)	订	dìng
bestraffen (een stout kind ~)	惩罚	chéng fá
betalen (ww)	付, 支付	fù, zhī fù
betekenen (beduiden)	表示	biǎo shì
betreuren (ww)	后悔	hòu huǐ
bevallen (prettig vinden)	喜欢	xǐ huan
bevelen (mil.)	命令	mìng lìng

bevrijden (stad, enz.)	解放	jiě fàng
bewaren (ww)	保存	bǎo cún
bezitten (ww)	拥有	yōng yǒu
bidden (praten met God)	祈祷	qí dǎo
binnengaan (een kamer ~)	进来	jìn lái
breken (ww)	打破	dǎ pò
controleren (ww)	控制	kòng zhì
creëren (ww)	创造	chuàng zào
deelnemen (ww)	参与	cān yù
denken (ww)	想	xiǎng
doden (ww)	杀死	shā sǐ
doen (ww)	做	zuò
dorst hebben (ww)	渴	kě

11. De belangrijkste werkwoorden. Deel 2

een hint geven	暗示	àn shì
eisen (met klem vragen)	要求	yāo qiú
existeren (bestaan)	存在	cún zài
gaan (te voet)	走	zǒu
gaan zitten (ww)	坐下	zuò xia
gaan zwemmen	去游泳	qù yóu yǒng
geven (ww)	给	gěi
glimlachen (ww)	微笑	wēi xiào
goed raden (ww)	猜中	cāi zhòng
grappen maken (ww)	开玩笑	kāi wán xiào
graven (ww)	挖	wā
hebben (ww)	有	yǒu
helpen (ww)	帮助	bāng zhù
herhalen (opnieuw zeggen)	重复	chóng fù
honger hebben (ww)	饿	è
hopen (ww)	希望	xī wàng
horen (waarnemen met het oor)	听见	tīng jiàn
huilen (wenen)	哭	kū
huren (huis, kamer)	租房	zū fáng
informeren (informatie geven)	通知	tōng zhī
instemmen (akkoord gaan)	同意	tóng yì
jagen (ww)	打猎	dǎ liè
kennen (kennis hebben van iemand)	认识	rèn shi
kiezen (ww)	选	xuǎn
klagen (ww)	抱怨	bào yuàn
kosten (ww)	价钱为	jià qian wèi
kunnen (ww)	能	néng
lachen (ww)	笑	xiào

laten vallen (ww)	掉	diào
lezen (ww)	读	dú
liefhebben (ww)	爱	ài
lunchen (ww)	吃午饭	chī wǔ fàn
nemen (ww)	拿	ná
nodig zijn (ww)	需要	xū yào

12. De belangrijkste werkwoorden. Deel 3

onderschatten (ww)	轻视	qīng shì
ondertekenen (ww)	签名	qiān míng
ontbijten (ww)	吃早饭	chī zǎo fàn
openen (ww)	开	kāi
ophouden (ww)	停止	tíng zhǐ
opmerken (zien)	注意到	zhù yì dào
opscheppen (ww)	自夸	zì kuā
opschrijven (ww)	记录	jì lù
plannen (ww)	计划	jì huà
prefereren (verkiezen)	宁愿	nìng yuàn
proberen (trachten)	试图	shì tú
redden (ww)	救出	jiù chū
rekenen op …	指望	zhǐ wàng
rennen (ww)	跑	pǎo
reserveren (een hotelkamer ~)	预订	yù dìng
roepen (om hulp)	呼	hū
schieten (ww)	射击	shè jī
schreeuwen (ww)	叫喊	jiào hǎn
schrijven (ww)	写	xiě
souperen (ww)	吃晚饭	chī wǎn fàn
spelen (kinderen)	玩	wán
spreken (ww)	说	shuō
stelen (ww)	偷窃	tōu qiè
stoppen (pauzeren)	停	tíng
studeren (Nederlands ~)	学习	xué xí
sturen (zenden)	寄	jì
tellen (optellen)	计算	jì suàn
toebehoren …	属于	shǔ yú
toestaan (ww)	允许	yǔn xǔ
tonen (ww)	展示	zhǎn shì
twijfelen (onzeker zijn)	怀疑	huái yí
uitgaan (ww)	走出去	zǒu chū qù
uitnodigen (ww)	邀请	yāo qǐng
uitspreken (ww)	发音	fā yīn
uitvaren tegen (ww)	责骂	zé mà

13. De belangrijkste werkwoorden. Deel 4

vallen (ww)	跌倒	diē dǎo
vangen (ww)	抓住	zhuā zhù
veranderen (anders maken)	改变	gǎi biàn
verbaasd zijn (ww)	吃惊	chī jīng
verbergen (ww)	藏	cáng
verdedigen (je land ~)	保卫	bǎo wèi
verenigen (ww)	联合	lián hé
vergelijken (ww)	比较	bǐ jiào
vergeten (ww)	忘	wàng
vergeven (ww)	原谅	yuán liàng
verklaren (uitleggen)	说明	shuō míng
verkopen (per stuk ~)	卖	mài
vermelden (praten over)	提到	tí dào
versieren (decoreren)	装饰	zhuāng shì
vertalen (ww)	翻译	fān yì
vertrouwen (ww)	信任	xìn rèn
vervolgen (ww)	继续	jì xù
verwarren (met elkaar ~)	混淆	hùn xiáo
verzoeken (ww)	请求	qǐng qiú
verzuimen (school, enz.)	错过	cuò guò
vinden (ww)	找到	zhǎo dào
vliegen (ww)	飞	fēi
volgen (ww)	跟随	gēn suí
voorstellen (ww)	提议	tí yì
voorzien (verwachten)	预见	yù jiàn
vragen (ww)	问	wèn
waarnemen (ww)	观察	guān chá
waarschuwen (ww)	警告	jǐng gào
wachten (ww)	等	děng
weerspreken (ww)	反对	fǎn duì
weigeren (ww)	拒绝	jù jué
werken (ww)	工作	gōng zuò
weten (ww)	知道	zhī dào
willen (verlangen)	想, 想要	xiǎng, xiǎng yào
zeggen (ww)	说	shuō
zich haasten (ww)	赶紧	gǎn jǐn
zich interesseren voor ...	对 ... 感兴趣	duì ... gǎn xìng qù
zich vergissen (ww)	犯错	fàn cuò
zich verontschuldigen	道歉	dào qiàn
zien (ww)	见, 看见	jiàn, kàn jiàn
zijn (ww)	当	dāng
zoeken (ww)	寻找	xún zhǎo
zwemmen (ww)	游泳	yóuyǒng
zwijgen (ww)	沉默	chén mò

14. Kleuren

kleur (de)	颜色	yán sè
tint (de)	色调	sè diào
kleurnuance (de)	色调	sè diào
regenboog (de)	彩虹	cǎi hóng
wit (bn)	白的	bái de
zwart (bn)	黑色的	hēi sè de
grijs (bn)	灰色的	huī sè de
groen (bn)	绿色的	lǜ sè de
geel (bn)	黄色的	huáng sè de
rood (bn)	红色的	hóng sè de
blauw (bn)	蓝色的	lán sè
lichtblauw (bn)	天蓝色的	tiānlán sè
roze (bn)	粉红色的	fěnhóng sè
oranje (bn)	橙色的	chéng sè de
violet (bn)	紫色的	zǐ sè de
bruin (bn)	棕色的	zōng sè de
goud (bn)	金色的	jīn sè de
zilverkleurig (bn)	银白色的	yín bái sè de
beige (bn)	浅棕色的	qiǎn zōng sè de
roomkleurig (bn)	奶油色的	nǎi yóu sè de
turkoois (bn)	青绿色的	qīng lǜ sè de
kersrood (bn)	樱桃色的	yīng táo sè de
lila (bn)	淡紫色的	dànzǐ sè de
karmijnrood (bn)	深红色的	shēn hóng sè de
licht (bn)	淡色的	dàn sè de
donker (bn)	深色的	shēn sè de
fel (bn)	鲜艳的	xiān yàn de
kleur-, kleurig (bn)	有色的	yǒu sè de
kleuren- (abn)	彩色的	cǎi sè de
zwart-wit (bn)	黑白色的	hēi bái sè de
eenkleurig (bn)	单色的	dān sè de
veelkleurig (bn)	杂色的	zá sè de

15. Vragen

Wie?	谁?	shéi?
Wat?	什么?	shén me?
Waar?	在哪儿?	zài nǎr?
Waarheen?	到哪儿?	dào nǎr?
Waar ... vandaan?	从哪儿来?	cóng nǎr lái?
Wanneer?	什么时候?	shénme shíhou?
Waarom?	为了什么目的?	wèile shénme mùdì?
Waarom?	为什么?	wèi shénme?
Waarvoor dan ook?	为了什么目的?	wèile shénme mùdì?

Hoe?	如何?	rú hé?
Welk?	哪个?	nǎ ge?
Aan wie?	给谁?	gěi shéi?
Over wie?	关于谁?	guān yú shéi?
Waarover?	关于什么?	guān yú shénme?
Met wie?	跟谁?	gēns héi?
Hoeveel?	多少?	duōshao?
Van wie?	谁的?	shéi de?

16. Voorzetsels

met (bijv. ~ beleg)	和, 跟	hé, gēn
zonder (~ accent)	没有	méi yǒu
naar (in de richting van)	往	wǎng
over (praten ~)	关于	guān yú
voor (in tijd)	在 … 之前	zài … zhī qián
voor (aan de voorkant)	在 … 前面	zài … qián mian
onder (lager dan)	在 … 下面	zài … xià mian
boven (hoger dan)	在 … 上方	zài … shàng fāng
op (bovenop)	在 … 上	zài … shàng
van (uit, afkomstig van)	从	cóng
van (gemaakt van)	… 做的	… zuò de
over (bijv. ~ een uur)	在 … 之后	zài … zhī hòu
over (over de bovenkant)	跨过	kuà guò

17. Functiewoorden. Bijwoorden. Deel 1

Waar?	在哪儿?	zài nǎr?
hier (bw)	在这儿	zài zhèr
daar (bw)	那儿	nàr
ergens (bw)	某处	mǒu chù
nergens (bw)	无处	wú chù
bij … (in de buurt)	在 … 旁边	zài … páng biān
bij het raam	在窗户旁边	zài chuānghu páng biān
Waarheen?	到哪儿?	dào nǎr?
hierheen (bw)	到这儿	dào zhèr
daarheen (bw)	往那边	wǎng nà bian
hiervandaan (bw)	从这里	cóng zhè lǐ
daarvandaan (bw)	从那里	cóng nà lǐ
dichtbij (bw)	附近	fù jìn
ver (bw)	远	yuǎn
in de buurt (van …)	在 … 附近	zài … fù jìn
vlakbij (bw)	在附近, 在近处	zài fù jìn, zài jìn chù

niet ver (bw)	不远	bù yuǎn
linker (bn)	左边的	zuǒ bian de
links (bw)	在左边	zài zuǒ bian
linksaf, naar links (bw)	往左	wàng zuǒ
rechter (bn)	右边的	yòu bian de
rechts (bw)	在右边	zài yòu bian
rechtsaf, naar rechts (bw)	往右	wàng yòu
vooraan (bw)	在前面	zài qián miàn
voorste (bn)	前 … ，前面的	qián …, qián miàn de
vooruit (bw)	先走	xiān zǒu
achter (bw)	在后面	zài hòu miàn
van achteren (bw)	从后面	cóng hòu miàn
achteruit (naar achteren)	往后	wàng hòu
midden (het)	中间	zhōng jiān
in het midden (bw)	在中间	zài zhōng jiān
opzij (bw)	在一边	zài yī biān
overal (bw)	到处	dào chù
omheen (bw)	周围	zhōu wéi
binnenuit (bw)	从里面	cóng lǐ miàn
naar ergens (bw)	往某处	wàng mǒu chù
rechtdoor (bw)	径直地	jìng zhí de
terug (bijv. ~ komen)	往后	wàng hòu
ergens vandaan (bw)	从任何地方	cóng rèn hé de fāng
ergens vandaan (en dit geld moet ~ komen)	从某处	cóng mǒu chù
ten eerste (bw)	第一	dì yī
ten tweede (bw)	第二	dì èr
ten derde (bw)	第三	dì sān
plotseling (bw)	忽然	hū rán
in het begin (bw)	最初	zuì chū
voor de eerste keer (bw)	初次	chū cì
lang voor … (bw)	… 之前很久	… zhī qián hěn jiǔ
opnieuw (bw)	重新	chóng xīn
voor eeuwig (bw)	永远	yǒng yuǎn
nooit (bw)	从未	cóng wèi
weer (bw)	再	zài
nu (bw)	目前	mù qián
vaak (bw)	经常	jīng cháng
toen (bw)	当时	dāng shí
urgent (bw)	紧急地	jǐn jí de
meestal (bw)	通常	tōng cháng
trouwens, … (tussen haakjes)	顺便	shùn biàn
mogelijk (bw)	可能	kě néng
waarschijnlijk (bw)	大概	dà gài

misschien (bw)	可能	kě néng
trouwens (bw)	再说 …	zài shuō …
daarom …	所以 …	suǒ yǐ …
in weerwil van …	尽管 …	jǐn guǎn …
dankzij …	由于 …	yóu yú …
wat (vn)	什么	shén me
iets (vn)	某物	mǒu wù
iets	任何事	rèn hé shì
niets (vn)	毫不，决不	háo bù, jué bù
wie (~ is daar?)	谁	shéi
iemand (een onbekende)	有人	yǒu rén
iemand (een bepaald persoon)	某人	mǒu rén
niemand (vn)	无人	wú rén
nergens (bw)	哪里都不	nǎ lǐ dōu bù
niemands (bn)	无人的	wú rén de
iemands (bn)	某人的	mǒu rén de
zo (Ik ben ~ blij)	这么	zhè me
ook (evenals)	也	yě
alsook (eveneens)	也	yě

18. Functiewoorden. Bijwoorden. Deel 2

Waarom?	为什么？	wèi shénme?
om een bepaalde reden	由于某种原因	yóu yú mǒu zhǒng yuán yīn
omdat …	因为 …	yīn wèi …
voor een bepaald doel	不知为什么	bùzhī wèi shénme
en (vw)	和	hé
of (vw)	或者，还是	huò zhě, hái shì
maar (vw)	但	dàn
voor (vz)	为	wèi
te (~ veel mensen)	太	tài
alleen (bw)	只	zhǐ
precies (bw)	精确地	jīng què de
ongeveer (~ 10 kg)	大约	dà yuē
omstreeks (bw)	大概	dà gài
bij benadering (bn)	大概的	dà gài de
bijna (bw)	差不多	chà bu duō
rest (de)	剩下的	shèng xià de
elk (bn)	每个的	měi gè de
om het even welk	任何	rèn hé
veel (grote hoeveelheid)	许多	xǔ duō
veel mensen	很多人	hěn duō rén
iedereen (alle personen)	都	dōu
in ruil voor …	作为交换	zuò wéi jiāo huàn
in ruil (bw)	作为交换	zuò wéi jiāo huàn

met de hand (bw)	手工	shǒu gōng
onwaarschijnlijk (bw)	几乎不	jī hū bù
waarschijnlijk (bw)	可能	kě néng
met opzet (bw)	故意	gù yì
toevallig (bw)	偶然的	ǒu rán de
zeer (bw)	很	hěn
bijvoorbeeld (bw)	例如	lì rú
tussen (~ twee steden)	之间	zhī jiān
tussen (te midden van)	在 … 中	zài … zhōng
zoveel (bw)	这么多	zhè me duō
vooral (bw)	特别	tè bié

Basisbegrippen Deel 2

19. Dagen van de week

maandag (de)	星期一	xīng qī yī
dinsdag (de)	星期二	xīng qī èr
woensdag (de)	星期三	xīng qī sān
donderdag (de)	星期四	xīng qī sì
vrijdag (de)	星期五	xīng qī wǔ
zaterdag (de)	星期六	xīng qī liù
zondag (de)	星期天	xīng qī tiān
vandaag (bw)	今天	jīn tiān
morgen (bw)	明天	míng tiān
overmorgen (bw)	后天	hòu tiān
gisteren (bw)	昨天	zuó tiān
eergisteren (bw)	前天	qián tiān
dag (de)	白天	bái tiān
werkdag (de)	工作日	gōng zuò rì
feestdag (de)	节日	jié rì
verlofdag (de)	休假日	xiū jià rì
weekend (het)	周末	zhōu mò
de hele dag (bw)	一整天	yī zhěng tiān
de volgende dag (bw)	次日	cì rì
twee dagen geleden	两天前	liǎng tiān qián
aan de vooravond (bw)	前一天	qián yī tiān
dag-, dagelijks (bn)	每天的	měi tiān de
elke dag (bw)	每天地	měi tiān de
week (de)	星期	xīng qī
vorige week (bw)	上星期	shàng xīng qī
volgende week (bw)	次周	cì zhōu
wekelijks (bn)	每周的	měi zhōu de
elke week (bw)	每周	měi zhōu
twee keer per week	一周两次	yīzhōu liǎngcì
elke dinsdag	每个星期二	měi gè xīng qī èr

20. Uren. Dag en nacht

morgen (de)	早晨	zǎo chén
's morgens (bw)	在上午	zài shàng wǔ
middag (de)	中午	zhōng wǔ
's middags (bw)	在下午	zài xià wǔ
avond (de)	晚间	wǎn jiān
's avonds (bw)	在晚上	zài wǎn shang

nacht (de)	夜晚	yè wǎn
's nachts (bw)	夜间	yè jiān
middernacht (de)	午夜	wǔ yè
seconde (de)	秒	miǎo
minuut (de)	分钟	fēn zhōng
uur (het)	小时	xiǎo shí
halfuur (het)	半小时	bàn xiǎo shí
kwartier (het)	一刻钟	yī kè zhōng
vijftien minuten	十五分钟	shíwǔ fēn zhōng
etmaal (het)	昼夜	zhòuyè
zonsopgang (de)	日出	rì chū
dageraad (de)	黎明	lí míng
vroege morgen (de)	清晨	qīng chén
zonsondergang (de)	日落	rì luò
's morgens vroeg (bw)	一大早地	yī dà zǎo de
vanmorgen (bw)	今天早上	jīntiān zǎo shang
morgenochtend (bw)	明天早上	míngtiān zǎo shang
vanmiddag (bw)	今天下午	jīntiān xià wǔ
's middags (bw)	在下午	zài xià wǔ
morgenmiddag (bw)	明天下午	míngtiān xià wǔ
vanavond (bw)	今晚	jīn wǎn
morgenavond (bw)	明天晚上	míngtiān wǎn shang
ongeveer vier uur	快到四点钟了	kuài dào sì diǎnzhōng le
tegen twaalf uur	十二点钟	shí èr diǎnzhōng
over twintig minuten	二十分钟 以后	èrshí fēnzhōng yǐhòu
over een uur	在一个小时	zài yī gè xiǎo shí
op tijd (bw)	按时	àn shí
kwart voor ...	差一刻	chà yī kè
binnen een uur	一小时内	yī xiǎo shí nèi
elk kwartier	每个十五分钟	měi gè shíwǔ fēnzhōng
de klok rond	日夜	rì yè

21. Maanden. Seizoenen

januari (de)	一月	yī yuè
februari (de)	二月	èr yuè
maart (de)	三月	sān yuè
april (de)	四月	sì yuè
mei (de)	五月	wǔ yuè
juni (de)	六月	liù yuè
juli (de)	七月	qī yuè
augustus (de)	八月	bā yuè
september (de)	九月	jiǔ yuè
oktober (de)	十月	shí yuè
november (de)	十一月	shí yī yuè
december (de)	十二月	shí èr yuè

lente (de)	春季，春天	chūn jì
in de lente (bw)	在春季	zài chūn jì
lente- (abn)	春天的	chūn tiān de
zomer (de)	夏天	xià tiān
in de zomer (bw)	在夏天	zài xià tiān
zomer-, zomers (bn)	夏天的	xià tiān de
herfst (de)	秋天	qiū tiān
in de herfst (bw)	在秋季	zài qiū jì
herfst- (abn)	秋天的	qiū tiān de
winter (de)	冬天	dōng tiān
in de winter (bw)	在冬季	zài dōng jì
winter- (abn)	冬天的	dōng tiān de
maand (de)	月，月份	yuè, yuèfèn
deze maand (bw)	本月	běn yuè
volgende maand (bw)	次月	cì yuè
vorige maand (bw)	上个月	shàng gè yuè
een maand geleden (bw)	一个月前	yī gè yuè qián
over een maand (bw)	在一个月	zài yī gè yuè
over twee maanden (bw)	过两个月	guò liǎng gè yuè
de hele maand (bw)	整个月	zhěnggè yuè
een volle maand (bw)	整个月	zhěnggè yuè
maand-, maandelijks (bn)	每月的	měi yuè de
maandelijks (bw)	每月	měi yuè
elke maand (bw)	每月	měi yuè
twee keer per maand	一个月两次	yī gè yuè liǎngcì
jaar (het)	年	nián
dit jaar (bw)	今年，本年度	jīn nián, běn nián dù
volgend jaar (bw)	次年	cì nián
vorig jaar (bw)	去年	qù nián
een jaar geleden (bw)	一年前	yī nián qián
over een jaar	在一年	zài yī nián
over twee jaar	过两年	guò liǎng nián
het hele jaar	一整年	yī zhěng nián
een vol jaar	表示一整年	biǎo shì yī zhěng nián
elk jaar	每年	měi nián
jaar-, jaarlijks (bn)	每年的	měi nián de
jaarlijks (bw)	每年	měi nián
4 keer per jaar	一年四次	yī nián sì cì
datum (de)	日期	rìqī
datum (de)	日期	rìqī
kalender (de)	日历	rìlì
een half jaar	半年	bàn nián
zes maanden	半年	bàn nián
seizoen (bijv. lente, zomer)	季节	jì jié
eeuw (de)	世纪	shì jì

22. Meeteenheden

gewicht (het)	重量	zhòng liàng
lengte (de)	长，长度	cháng, cháng dù
breedte (de)	宽度	kuān dù
hoogte (de)	高度	gāo dù
diepte (de)	深度	shēn dù
volume (het)	容量	róng liàng
oppervlakte (de)	面积	miàn jī
gram (het)	克	kè
milligram (het)	毫克	háo kè
kilogram (het)	公斤	gōng jīn
ton (duizend kilo)	吨	dūn
pond (het)	磅	bàng
ons (het)	盎司	àng sī
meter (de)	米	mǐ
millimeter (de)	毫米	háo mǐ
centimeter (de)	厘米	límǐ
kilometer (de)	公里	gōng lǐ
mijl (de)	英里	yīng lǐ
duim (de)	英寸	yīng cùn
voet (de)	英尺	yīng chǐ
yard (de)	码	mǎ
vierkante meter (de)	平方米	píng fāng mǐ
hectare (de)	公顷	gōng qīng
liter (de)	升	shēng
graad (de)	度	dù
volt (de)	伏，伏特	fú, fú tè
ampère (de)	安培	ān péi
paardenkracht (de)	马力	mǎ lì
hoeveelheid (de)	量	liàng
een beetje ...	一点	yī diǎn
helft (de)	一半	yī bàn
dozijn (het)	一打	yī dá
stuk (het)	个	gè
afmeting (de)	大小	dà xiǎo
schaal (bijv. ~ van 1 op 50)	比例	bǐ lì
minimaal (bn)	最低的	zuì dī de
minste (bn)	最小的	zuì xiǎo de
medium (bn)	中等的	zhōng děng de
maximaal (bn)	最多的	zuì duō de
grootste (bn)	最大的	zuì dà de

23. Containers

glazen pot (de)	玻璃罐	bōli guàn
blik (conserven~)	罐头	guàn tou

emmer (de)	吊桶	diào tǒng
ton (bijv. regenton)	桶	tǒng
ronde waterbak (de)	盆	pén
tank (bijv. watertank-70-ltr)	箱	xiāng
heupfles (de)	小酒壶	xiǎo jiǔ hú
jerrycan (de)	汽油罐	qì yóu guàn
tank (bijv. ketelwagen)	储水箱	chǔ shuǐ xiāng
beker (de)	马克杯	mǎkè bēi
kopje (het)	杯子	bēi zi
schoteltje (het)	碟子	dié zi
glas (het)	杯子	bēi zi
wijnglas (het)	酒杯	jiǔ bēi
steelpan (de)	炖锅	dùn guō
fles (de)	瓶子	píng zi
flessenhals (de)	瓶颈	píng jǐng
karaf (de)	长颈玻璃瓶	chángjǐng bōli píng
kruik (de)	粘土壶	nián tǔ hú
vat (het)	器皿	qì mǐn
pot (de)	花盆	huā pén
vaas (de)	花瓶	huā píng
flacon (de)	小瓶	xiǎo píng
flesje (het)	小玻璃瓶	xiǎo bōli píng
tube (bijv. ~ tandpasta)	软管	ruǎn guǎn
zak (bijv. ~ aardappelen)	麻袋	má dài
tasje (het)	袋	dài
pakje (~ sigaretten, enz.)	包，盒	bāo, hé
doos (de)	盒子	hé zi
kist (de)	箱子	xiāng zi
mand (de)	篮子	lán zi

MENS

Mens. Het lichaam

24. Hoofd

hoofd (het)	头	tóu
gezicht (het)	脸, 面孔	liǎn, miàn kǒng
neus (de)	鼻子	bí zi
mond (de)	口, 嘴	kǒu, zuǐ
oog (het)	眼	yǎn
ogen (mv.)	眼睛	yǎn jing
pupil (de)	瞳孔	tóng kǒng
wenkbrauw (de)	眉毛	méi mao
wimper (de)	睫毛	jié máo
ooglid (het)	眼皮	yǎn pí
tong (de)	舌, 舌头	shé, shé tou
tand (de)	牙, 牙齿	yá, yá chǐ
lippen (mv.)	唇	chún
jukbeenderen (mv.)	颧骨	quán gǔ
tandvlees (het)	齿龈	chǐ yín
gehemelte (het)	腭	è
neusgaten (mv.)	鼻孔	bí kǒng
kin (de)	颏	kē
kaak (de)	下颌	xià hé
wang (de)	脸颊	liǎn jiá
voorhoofd (het)	前额	qián é
slaap (de)	太阳穴	tài yáng xué
oor (het)	耳朵	ěr duo
achterhoofd (het)	后脑勺儿	hòu nǎo sháo r
hals (de)	颈	jǐng
keel (de)	喉部	hóu bù
haren (mv.)	头发	tóu fa
kapsel (het)	发型	fà xíng
haarsnit (de)	发式	fà shì
pruik (de)	假发	jiǎ fà
snor (de)	胡子	hú zi
baard (de)	胡须	hú xū
dragen (een baard, enz.)	蓄着	xù zhuó
vlecht (de)	辫子	biàn zi
bakkebaarden (mv.)	鬓角	bìn jiǎo
ros (roodachtig, rossig)	红发的	hóng fà de
grijs (~ haar)	灰白的	huī bái de

kaal (bn)	秃头的	tū tóu de
kale plek (de)	秃头	tū tóu
paardenstaart (de)	马尾辫	mǎ wěi biàn
pony (de)	刘海	liú hǎi

25. Menselijk lichaam

hand (de)	手	shǒu
arm (de)	胳膊	gēbo
vinger (de)	手指	shǒu zhǐ
duim (de)	拇指	mǔ zhǐ
pink (de)	小指	xiǎo zhǐ
nagel (de)	指甲	zhǐ jia
vuist (de)	拳	quán
handpalm (de)	手掌	shǒu zhǎng
pols (de)	腕	wàn
voorarm (de)	前臂	qián bì
elleboog (de)	肘	zhǒu
schouder (de)	肩膀	jiān bǎng
been (rechter ~)	腿	tuǐ
voet (de)	脚, 足	jiǎo, zú
knie (de)	膝, 膝盖	xī, xī gài
kuit (de)	小腿肚	xiǎo tuǐ dù
heup (de)	臀部	tún bù
hiel (de)	后跟	hòu gēn
lichaam (het)	身体	shēntǐ
buik (de)	腹, 腹部	fù, fù bù
borst (de)	胸	xiōng
borst (de)	乳房	rǔ fáng
zijde (de)	体侧	tǐ cè
rug (de)	背	bèi
lage rug (de)	下背	xià bèi
taille (de)	腰	yāo
navel (de)	肚脐	dù qí
billen (mv.)	臀部, 屁股	tún bù, pì gu
achterwerk (het)	屁股	pì gu
huidvlek (de)	痣	zhì
moedervlek (de)	胎痣	tāi zhì
tatoeage (de)	文身	wén shēn
litteken (het)	疤	bā

Kleding en accessoires

26. Bovenkleding. Jassen

kleren (mv.), kleding (de)	服装	fú zhuāng
bovenkleding (de)	外衣, 上衣	wài yī, shàng yī
winterkleding (de)	寒衣	hán yī
jas (de)	大衣	dà yī
bontjas (de)	皮大衣	pí dà yī
bontjasje (het)	皮草短外套	pí cǎo duǎn wài tào
donzen jas (de)	羽绒服	yǔ róng fú
jasje (bijv. een leren ~)	茄克衫	jiā kè shān
regenjas (de)	雨衣	yǔ yī
waterdicht (bn)	不透水的	bù tòu shuǐ de

27. Heren & dames kleding

overhemd (het)	衬衫	chèn shān
broek (de)	裤子	kù zi
jeans (de)	牛仔裤	niú zǎi kù
colbert (de)	西服上衣	xī fú shàng yī
kostuum (het)	套装	tào zhuāng
jurk (de)	连衣裙	lián yī qún
rok (de)	裙子	qún zi
blouse (de)	女衬衫	nǚ chèn shān
wollen vest (de)	针织毛衣	zhēn zhī máo yī
blazer (kort jasje)	茄克衫	jiā kè shān
T-shirt (het)	T恤	T xù
shorts (mv.)	短裤	duǎn kù
trainingspak (het)	运动服	yùn dòng fú
badjas (de)	浴衣	yù yī
pyjama (de)	睡衣	shuì yī
sweater (de)	毛衣	máo yī
pullover (de)	套头衫	tào tóu shān
gilet (het)	马甲	mǎ jiǎ
rokkostuum (het)	燕尾服	yàn wěi fú
smoking (de)	无尾礼服	wú wěi lǐ fú
uniform (het)	制服	zhì fú
werkkleding (de)	工作服	gōng zuò fú
overall (de)	连体服	lián tǐ fú
doktersjas (de)	医师服	yī shī fú

28. Kleding. Ondergoed

ondergoed (het)	内衣	nèi yī
onderhemd (het)	汗衫	hàn shān
sokken (mv.)	短袜	duǎn wà
nachthemd (het)	睡衣	shuì yī
beha (de)	乳罩	rǔ zhào
kniekousen (mv.)	膝上袜	xī shàng wà
panty (de)	连裤袜	lián kù wà
nylonkousen (mv.)	长筒袜	cháng tǒng wà
badpak (het)	游泳衣	yóu yǒng yī

29. Hoofddeksels

hoed (de)	帽子	mào zi
deukhoed (de)	礼帽	lǐ mào
honkbalpet (de)	棒球帽	bàng qiú mào
kleppet (de)	鸭舌帽	yā shé mào
baret (de)	贝雷帽	bèi léi mào
kap (de)	风帽	fēng mào
panamahoed (de)	巴拿马草帽	bānámǎ cǎo mào
gebreide muts (de)	针织帽	zhēn zhī mào
hoofddoek (de)	头巾	tóujīn
dameshoed (de)	女式帽	nǚshì mào
veiligheidshelm (de)	安全帽	ān quán mào
veldmuts (de)	船形帽	chuán xíng mào
helm, valhelm (de)	头盔	tóu kuī
bolhoed (de)	圆顶礼帽	yuán dǐng lǐ mào
hoge hoed (de)	大礼帽	dà lǐ mào

30. Schoeisel

schoeisel (het)	鞋类	xié lèi
schoenen (mv.)	短靴	duǎn xuē
vrouwenschoenen (mv.)	翼尖鞋	yì jiān xié
laarzen (mv.)	靴子	xuē zi
pantoffels (mv.)	拖鞋	tuō xié
sportschoenen (mv.)	运动鞋	yùndòng xié
sneakers (mv.)	胶底运动鞋	jiāodǐ yùndòng xié
sandalen (mv.)	凉鞋	liáng xié
schoenlapper (de)	鞋匠	xié jiàng
hiel (de)	鞋后跟	xié hòu gēn
paar (een ~ schoenen)	一双	yī shuāng
veter (de)	鞋带	xié dài

rijgen (schoenen ~)	系鞋带	jì xié dài
schoenlepel (de)	鞋拔	xié bá
schoensmeer (de/het)	鞋油	xié yóu

31. Persoonlijke accessoires

handschoenen (mv.)	手套	shǒu tào
wanten (mv.)	连指手套	lián zhǐ shǒu tào
sjaal (fleece ~)	围巾	wéi jīn

bril (de)	眼镜	yǎn jìng
brilmontuur (het)	眼镜框	yǎn jìng kuàng
paraplu (de)	雨伞	yǔ sǎn
wandelstok (de)	手杖	shǒu zhàng
haarborstel (de)	梳子	shū zi
waaier (de)	扇子	shàn zi

das (de)	领带	lǐng dài
strikje (het)	领结	lǐng jié
bretels (mv.)	吊裤带	diào kù dài
zakdoek (de)	手帕	shǒu pà

kam (de)	梳子	shū zi
haarspeldje (het)	发夹	fà jiā
schuifspeldje (het)	发针	fà zhēn
gesp (de)	皮带扣	pí dài kòu

| broekriem (de) | 腰带 | yāo dài |
| draagriem (de) | 肩带 | jiān dài |

handtas (de)	包	bāo
damestas (de)	女手提包	nǚ shǒutí bāo
rugzak (de)	背包	bēi bāo

32. Kleding. Diversen

mode (de)	时装	shí zhuāng
de mode (bn)	正在流行	zhèng zài liú xíng
kledingstilist (de)	时装设计师	shízhuāng shèjìshī

kraag (de)	衣领, 领子	yī lǐng, lǐng zi
zak (de)	口袋	kǒu dài
zak- (abn)	口袋的	kǒu dài de
mouw (de)	袖子	xiù zi
lusje (het)	挂衣环	guà yī huán
gulp (de)	前开口	qián kāi kǒu

rits (de)	拉链	lā liàn
sluiting (de)	扣子	kòu zi
knoop (de)	纽扣	niǔ kòu
knoopsgat (het)	纽扣孔	niǔ kòu kǒng
losraken (bijv. knopen)	掉	diào

naaien (kleren, enz.)	缝纫	féng rèn
borduren (ww)	绣	xiù
borduursel (het)	绣花	xiù huā
naald (de)	针	zhēn
draad (de)	线	xiàn
naad (de)	线缝	xiàn féng
vies worden (ww)	弄脏	nòng zāng
vlek (de)	污点，污迹	wū diǎn, wū jì
gekreukt raken (ov. kleren)	起皱	qǐ zhòu
scheuren (ov.ww.)	扯破	chě pò
mot (de)	衣蛾	yī é

33. Persoonlijke verzorging. Schoonheidsmiddelen

tandpasta (de)	牙膏	yá gāo
tandenborstel (de)	牙刷	yá shuā
tanden poetsen (ww)	刷牙	shuā yá
scheermes (het)	剃须刀	tì xū dāo
scheerschuim (het)	剃须膏	tì xū gāo
zich scheren (ww)	刮脸	guā liǎn
zeep (de)	肥皂	féi zào
shampoo (de)	洗发液	xǐ fā yè
schaar (de)	剪子，剪刀	jiǎn zi, jiǎndāo
nagelvijl (de)	指甲锉	zhǐ jia cuò
nagelknipper (de)	指甲钳	zhǐ jia qián
pincet (het)	镊子	niè zi
cosmetica (de)	化妆品	huà zhuāng pǐn
masker (het)	面膜	miàn mó
manicure (de)	美甲	měi jiǎ
manicure doen	修指甲	xiū zhǐ jia
pedicure (de)	足部护理	zú bù hù lǐ
cosmetica tasje (het)	化妆包	huà zhuāng bāo
poeder (de/het)	粉	fěn
poederdoos (de)	粉盒	fěn hé
rouge (de)	胭脂	yān zhī
parfum (de/het)	香水	xiāng shuǐ
eau de toilet (de)	香水	xiāng shuǐ
lotion (de)	润肤液	rùn fū yè
eau de cologne (de)	古龙水	gǔ lóng shuǐ
oogschaduw (de)	眼影	yǎn yǐng
oogpotlood (het)	眼线笔	yǎn xiàn bǐ
mascara (de)	睫毛膏	jié máo gāo
lippenstift (de)	口红	kǒu hóng
nagellak (de)	指甲油	zhǐjia yóu
haarlak (de)	喷雾发胶	pēn wù fà jiāo

deodorant (de)	除臭剂	chú chòu jì
crème (de)	护肤霜	hù fū shuāng
gezichtscrème (de)	面霜	miàn shuāng
handcrème (de)	护手霜	hù shǒu shuāng
antirimpelcrème (de)	抗皱霜	kàng zhòu shuāng
dag- (abn)	白天的	bái tiān de
nacht- (abn)	夜间的	yè jiān de
tampon (de)	卫生棉条	wèi shēng mián tiáo
toiletpapier (het)	卫生纸	wèi shēng zhǐ
föhn (de)	吹风机	chuī fēng jī

34. Horloges. Klokken

polshorloge (het)	手表	shǒu biǎo
wijzerplaat (de)	钟面	zhōng miàn
wijzer (de)	指针	zhǐ zhēn
metalen horlogeband (de)	手表链	shǒu biǎo liàn
horlogebandje (het)	表带	biǎo dài
batterij (de)	电池	diàn chí
leeg zijn (ww)	没电	méi diàn
batterij vervangen	换电池	huàn diàn chí
voorlopen (ww)	快	kuài
achterlopen (ww)	慢	màn
wandklok (de)	挂钟	guà zhōng
zandloper (de)	沙漏	shā lòu
zonnewijzer (de)	日规	rì guī
wekker (de)	闹钟	nào zhōng
horlogemaker (de)	钟表匠	zhōng biǎo jiàng
repareren (ww)	修理	xiū lǐ

Voedsel. Voeding

35. Voedsel

vlees (het)	肉	ròu
kip (de)	鸡肉	jī ròu
kuiken (het)	小鸡	xiǎo jī
eend (de)	鸭子	yā zi
gans (de)	鹅肉	é ròu
wild (het)	猎物	liè wù
kalkoen (de)	火鸡	huǒ jī
varkensvlees (het)	猪肉	zhū ròu
kalfsvlees (het)	小牛肉	xiǎo niú ròu
schapenvlees (het)	羊肉	yáng ròu
rundvlees (het)	牛肉	niú ròu
konijnenvlees (het)	兔肉	tù ròu
worst (de)	香肠	xiāng cháng
saucijs (de)	小灌肠	xiǎo guàn cháng
spek (het)	腊肉	là ròu
ham (de)	火腿	huǒ tuǐ
gerookte achterham (de)	熏火腿	xūn huǒ tuǐ
paté, pastei (de)	鹅肝酱	é gān jiàng
lever (de)	肝	gān
varkensvet (het)	猪油	zhū yóu
gehakt (het)	碎牛肉	suì niú ròu
tong (de)	口条	kǒu tiáo
ei (het)	鸡蛋	jī dàn
eieren (mv.)	鸡蛋	jī dàn
eiwit (het)	蛋白	dàn bái
eigeel (het)	蛋黄	dàn huáng
vis (de)	鱼	yú
zeevruchten (mv.)	海鲜	hǎi xiān
kaviaar (de)	鱼子酱	yúzǐ jiàng
krab (de)	螃蟹	páng xiè
garnaal (de)	虾，小虾	xiā, xiǎo xiā
oester (de)	牡蛎	mǔ lì
langoest (de)	龙虾	lóng xiā
octopus (de)	章鱼	zhāng yú
inktvis (de)	鱿鱼	yóu yú
steur (de)	鲟鱼	xú nyú
zalm (de)	鲑鱼	guī yú
heilbot (de)	比目鱼	bǐ mù yú
kabeljauw (de)	鳕鱼	xuě yú

makreel (de)	鲭鱼	qīng yú
tonijn (de)	金枪鱼	jīn qiāng yú
paling (de)	鳗鱼，鳝鱼	mán yú, shàn yú
forel (de)	鳟鱼	zūn yú
sardine (de)	沙丁鱼	shā dīng yú
snoek (de)	狗鱼	gǒu yú
haring (de)	鲱鱼	fēi yú
brood (het)	面包	miàn bāo
kaas (de)	奶酪	nǎi lào
suiker (de)	糖	táng
zout (het)	盐，食盐	yán, shí yán
rijst (de)	米	mǐ
pasta (de)	通心粉	tōng xīn fěn
noedels (mv.)	面条	miàn tiáo
boter (de)	黄油	huáng yóu
plantaardige olie (de)	植物油	zhí wù yóu
zonnebloemolie (de)	向日葵油	xiàng rì kuí yóu
margarine (de)	人造奶油	rénzào nǎi yóu
olijven (mv.)	橄榄	gǎn lǎn
olijfolie (de)	橄榄油	gǎn lǎn yóu
melk (de)	牛奶	niú nǎi
gecondenseerde melk (de)	炼乳	liàn rǔ
yoghurt (de)	酸奶	suān nǎi
zure room (de)	酸奶油	suān nǎi yóu
room (de)	奶油	nǎi yóu
mayonaise (de)	蛋黄酱	dàn huáng jiàng
crème (de)	乳脂	rǔ zhī
graan (het)	谷粒	gǔ lì
meel (het), bloem (de)	面粉	miàn fěn
conserven (mv.)	罐头食品	guàn tou shí pǐn
maïsvlokken (mv.)	玉米片	yù mǐ piàn
honing (de)	蜂蜜	fēng mì
jam (de)	果冻	guǒ dòng
kauwgom (de)	口香糖	kǒu xiāng táng

36. Drankjes

water (het)	水	shuǐ
drinkwater (het)	饮用水	yǐn yòng shuǐ
mineraalwater (het)	矿泉水	kuàng quán shuǐ
zonder gas	无气的	wú qì de
koolzuurhoudend (bn)	苏打 …	sū dá …
bruisend (bn)	汽水	qì shuǐ
IJs (het)	冰	bīng

met ijs	加冰的	jiā bīng de
alcohol vrij (bn)	不含酒精的	bù hán jiǔ jīng de
alcohol vrije drank (de)	软性饮料	ruǎn xìng yǐn liào
frisdrank (de)	清凉饮料	qīng liáng yǐn liào
limonade (de)	柠檬水	níng méng shuǐ
alcoholische dranken (mv.)	烈酒	liè jiǔ
likeur (de)	甜酒	tián jiǔ
champagne (de)	香槟	xiāng bīn
vermout (de)	苦艾酒	kǔ ài jiǔ
whisky (de)	威士忌酒	wēi shì jì jiǔ
wodka (de)	伏特加	fú tè jiā
gin (de)	杜松子酒	dù sōng zǐ jiǔ
cognac (de)	法国白兰地	fǎguó báilándì
rum (de)	朗姆酒	lǎng mǔ jiǔ
koffie (de)	咖啡	kāfēi
zwarte koffie (de)	黑咖啡	hēi kāfēi
koffie (de) met melk	加牛奶的咖啡	jiāniúnǎide kāfēi
cappuccino (de)	卡布奇诺	kǎ bù jī nuò
oploskoffie (de)	速溶咖啡	sùróng kāfēi
melk (de)	牛奶	niú nǎi
cocktail (de)	鸡尾酒	jī wěi jiǔ
milkshake (de)	奶昔	nǎi xī
sap (het)	果汁	guǒzhī
tomatensap (het)	番茄汁	fān qié zhī
sinaasappelsap (het)	橙子汁	chéng zi zhī
vers geperst sap (het)	新鲜果汁	xīnxiān guǒzhī
bier (het)	啤酒	píjiǔ
licht bier (het)	淡啤酒	dàn píjiǔ
donker bier (het)	黑啤酒	hēi píjiǔ
thee (de)	茶	chá
zwarte thee (de)	红茶	hóng chá
groene thee (de)	绿茶	lǜ chá

37. Groenten

groenten (mv.)	蔬菜	shū cài
verse kruiden (mv.)	青菜	qīng cài
tomaat (de)	西红柿	xī hóng shì
augurk (de)	黄瓜	huáng guā
wortel (de)	胡萝卜	hú luó bo
aardappel (de)	土豆	tǔ dòu
ui (de)	洋葱	yáng cōng
knoflook (de)	大蒜	dà suàn
kool (de)	洋白菜	yáng bái cài
bloemkool (de)	菜花	cài huā

spruitkool (de)	球芽甘蓝	qiú yá gān lán
broccoli (de)	西蓝花	xī lán huā
rode biet (de)	甜菜	tiáncài
aubergine (de)	茄子	qié zi
courgette (de)	西葫芦	xī hú lu
pompoen (de)	南瓜	nán guā
raap (de)	蔓菁	mán jing
peterselie (de)	欧芹	ōu qín
dille (de)	莳萝	shì luó
sla (de)	生菜，莴苣	shēng cài, wō jù
selderij (de)	芹菜	qín cài
asperge (de)	芦笋	lú sǔn
spinazie (de)	菠菜	bō cài
erwt (de)	豌豆	wān dòu
bonen (mv.)	豆子	dòu zi
maïs (de)	玉米	yù mǐ
boon (de)	四季豆	sì jì dòu
peper (de)	胡椒，辣椒	hú jiāo, là jiāo
radijs (de)	水萝卜	shuǐ luó bo
artisjok (de)	朝鲜蓟	cháo xiān jì

38. Vruchten. Noten

vrucht (de)	水果	shuǐ guǒ
appel (de)	苹果	píng guǒ
peer (de)	梨	lí
citroen (de)	柠檬	níng méng
sinaasappel (de)	橙子	chén zi
aardbei (de)	草莓	cǎo méi
mandarijn (de)	橘子	jú zi
pruim (de)	李子	lǐ zi
perzik (de)	桃子	táo zi
abrikoos (de)	杏子	xìng zi
framboos (de)	覆盆子	fù pén zi
ananas (de)	菠萝	bō luó
banaan (de)	香蕉	xiāng jiāo
watermeloen (de)	西瓜	xī guā
druif (de)	葡萄	pú tao
zure kers (de)	樱桃	yīngtáo
zoete kers (de)	欧洲甜樱桃	oūzhōu tián yīngtáo
meloen (de)	瓜，甜瓜	guā, tián guā
grapefruit (de)	葡萄柚	pú tao yòu
avocado (de)	鳄梨	è lí
papaja (de)	木瓜	mù guā
mango (de)	芒果	máng guǒ
granaatappel (de)	石榴	shí liú
rode bes (de)	红醋栗	hóng cù lì

zwarte bes (de)	黑醋栗	hēi cù lì
kruisbes (de)	醋栗	cù lì
bosbes (de)	越橘	yuè jú
braambes (de)	黑莓	hēi méi
rozijn (de)	葡萄干	pútao gān
vijg (de)	无花果	wú huā guǒ
dadel (de)	海枣	hǎi zǎo
pinda (de)	花生	huā shēng
amandel (de)	杏仁	xìng rén
walnoot (de)	核桃	hé tao
hazelnoot (de)	榛子	zhēn zi
kokosnoot (de)	椰子	yē zi
pistaches (mv.)	开心果	kāi xīn guǒ

39. Brood. Snoep

suikerbakkerij (de)	油酥面饼	yóu sū miàn bǐng
brood (het)	面包	miàn bāo
koekje (het)	饼干	bǐng gān
chocolade (de)	巧克力	qiǎo kè lì
chocolade- (abn)	巧克力的	qiǎo kè lì de
snoepje (het)	糖果	táng guǒ
cakeje (het)	小蛋糕	xiǎo dàngāo
taart (bijv. verjaardags~)	蛋糕	dàngāo
pastei (de)	大馅饼	dà xiàn bǐng
vulling (de)	馅	xiàn
confituur (de)	果酱	guǒ jiàng
marmelade (de)	酸果酱	suān guǒ jiàng
wafel (de)	华夫饼干	huá fū bǐng gān
IJsje (het)	冰淇淋	bīng qí lín

40. Bereide gerechten

gerecht (het)	菜	cài
keuken (bijv. Franse ~)	菜肴	cài yáo
recept (het)	烹饪法	pēng rèn fǎ
portie (de)	一份	yī fèn
salade (de)	沙拉	shā lā
soep (de)	汤	tāng
bouillon (de)	清汤	qīng tāng
boterham (de)	三明治	sān míng zhì
spiegelei (het)	煎蛋	jiān dàn
hamburger (de)	肉饼	ròu bǐng
hamburger (de)	汉堡	hàn bǎo

biefstuk (de)	牛排	niú pái
hutspot (de)	烤肉	kǎo ròu
garnering (de)	配菜	pèi cài
spaghetti (de)	意大利面条	yì dà lì miàn tiáo
aardappelpuree (de)	土豆泥	tǔ dòu ní
pizza (de)	比萨饼	bǐ sà bǐng
pap (de)	麦片粥	mài piàn zhōu
omelet (de)	鸡蛋饼	jīdàn bǐng
gekookt (in water)	煮熟的	zhǔ shóu de
gerookt (bn)	熏烤的	xūn kǎo de
gebakken (bn)	油煎的	yóu jiān de
gedroogd (bn)	干的	gān de
diepvries (bn)	冷冻的	lěng dòng de
gemarineerd (bn)	醋渍的	cù zì de
zoet (bn)	甜的	tián de
gezouten (bn)	咸的	xián de
koud (bn)	冷的	lěng de
heet (bn)	烫的	tàng de
bitter (bn)	苦的	kǔ de
lekker (bn)	美味的	měi wèi de
koken (in kokend water)	做饭	zuò fàn
bereiden (avondmaaltijd ~)	做饭	zuò fàn
bakken (ww)	油煎	yóu jiān
opwarmen (ww)	加热	jiā rè
zouten (ww)	加盐	jiā yán
peperen (ww)	加胡椒	jiā hú jiāo
raspen (ww)	磨碎	mò suì
schil (de)	皮	pí
schillen (ww)	剥皮	bāo pí

41. Kruiden

zout (het)	盐，食盐	yán, shí yán
gezouten (bn)	含盐的	hán yán de
zouten (ww)	加盐	jiā yán
zwarte peper (de)	黑胡椒	hēi hú jiāo
rode peper (de)	红辣椒粉	hóng là jiāo fěn
mosterd (de)	芥末	jiè mo
mierikswortel (de)	辣根汁	là gēn zhī
condiment (het)	调味品	diào wèi pǐn
specerij, kruiderij (de)	香料	xiāng liào
saus (de)	调味汁	tiáo wèi zhī
azijn (de)	醋	cù
anijs (de)	茴芹	huí qín
basilicum (de)	罗勒	luó lè
kruidnagel (de)	丁香	dīng xiāng

gember (de)	姜	jiāng
koriander (de)	芫荽	yuán suī
kaneel (de/het)	肉桂	ròu guì
sesamzaad (het)	芝麻	zhī ma
laurierblad (het)	月桂叶	yuè guì yè
paprika (de)	红甜椒粉	hóng tián jiāo fěn
komijn (de)	葛缕子	gélǚ zi
saffraan (de)	番红花	fān hóng huā

42. Maaltijden

eten (het)	食物	shí wù
eten (ww)	吃	chī
ontbijt (het)	早饭	zǎo fàn
ontbijten (ww)	吃早饭	chī zǎo fàn
lunch (de)	午饭	wǔ fàn
lunchen (ww)	吃午饭	chī wǔ fàn
avondeten (het)	晚餐	wǎn cān
souperen (ww)	吃晚饭	chī wǎn fàn
eetlust (de)	胃口	wèi kǒu
Eet smakelijk!	请慢用！	qǐng màn yòng!
openen (een fles ~)	打开	dǎ kāi
morsen (koffie, enz.)	洒出	sǎ chū
zijn gemorst	洒出	sǎ chū
koken (water kookt bij 100°C)	煮开	zhǔ kāi
koken (Hoe om water te ~)	烧开	shāo kāi
gekookt (~ water)	煮开过的	zhǔ kāi guò de
afkoelen (koeler maken)	变凉	biàn liáng
afkoelen (koeler worden)	变凉	biàn liáng
smaak (de)	味道	wèi dào
nasmaak (de)	回味，余味	huí wèi, yú wèi
volgen een dieet	减肥	jiǎn féi
dieet (het)	日常饮食	rì cháng yǐn shí
vitamine (de)	维生素	wéi shēng sù
calorie (de)	卡路里	kǎlùlǐ
vegetariër (de)	素食者	sù shí zhě
vegetarisch (bn)	素的	sù de
vetten (mv.)	脂肪	zhī fáng
eiwitten (mv.)	蛋白质	dàn bái zhì
koolhydraten (mv.)	碳水化合物	tàn shuǐ huà hé wù
snede (de)	一片	yī piàn
stuk (bijv. een ~ taart)	一块	yī kuài
kruimel (de)	面包屑	miàn bāo xiè

43. Tafelschikking

lepel (de)	勺子	sháo zi
mes (het)	刀, 刀子	dāo, dāo zi
vork (de)	叉, 餐叉	chā, cān chā
kopje (het)	杯子	bēi zi
bord (het)	盘子	pán zi
schoteltje (het)	碟子	dié zi
servet (het)	餐巾	cān jīn
tandenstoker (de)	牙签	yá qiān

44. Restaurant

restaurant (het)	饭馆	fàn guǎn
koffiehuis (het)	咖啡馆	kāfēi guǎn
bar (de)	酒吧	jiǔ bā
tearoom (de)	茶馆	chá guǎn
kelner, ober (de)	服务员	fú wù yuán
serveerster (de)	女服务员	nǚ fú wù yuán
barman (de)	酒保	jiǔ bǎo
menu (het)	菜单	cài dān
wijnkaart (de)	酒单	jiǔ dān
een tafel reserveren	订桌子	dìng zhuō zi
gerecht (het)	菜	cài
bestellen (eten ~)	订菜	dìng cài
een bestelling maken	订菜	dìng cài
aperitief (de/het)	开胃酒	kāi wèi jiǔ
voorgerecht (het)	开胃菜	kāi wèi cài
dessert (het)	甜点心	tián diǎn xīn
rekening (de)	账单	zhàng dān
de rekening betalen	付账	fù zhàng
wisselgeld teruggeven	找零钱	zhǎo líng qián
fooi (de)	小费	xiǎo fèi

Familie, verwanten en vrienden

45. Persoonlijke informatie. Formulieren

naam (de)	名字	míng zi
achternaam (de)	姓	xìng
geboortedatum (de)	出生日期	chū shēng rì qī
geboorteplaats (de)	出生地	chū shēng dì
nationaliteit (de)	国籍	guó jí
woonplaats (de)	住所地	zhù suǒ dì
land (het)	国家	guó jiā
beroep (het)	职业	zhí yè
geslacht (ov. het vrouwelijk ~)	性，性别	xìng, xìngbié
lengte (de)	身高	shēn gāo
gewicht (het)	重量	zhòng liàng

46. Familieleden. Verwanten

moeder (de)	母亲	mǔ qīn
vader (de)	父亲	fù qīn
zoon (de)	儿子	ér zi
dochter (de)	女儿	nǚ ér
jongste dochter (de)	最小的女儿	zuìxiǎode nǚ ér
jongste zoon (de)	最小的儿子	zuìxiǎode ér zi
oudste dochter (de)	最大的女儿	zuìdàde nǚér
oudste zoon (de)	最大的儿子	zuìdàde ér zi
oudere broer (de)	哥哥	gēge
jongere broer (de)	弟弟	dìdi
oudere zuster (de)	姐姐	jiějie
neef (zoon van oom/tante)	堂兄弟，表兄弟	tángxiōngdì, biǎoxiōngdì
nicht (dochter van oom/tante)	堂姊妹，表姊妹	tángzǐmèi, biǎozǐmèi
mama (de)	妈妈	mā ma
papa (de)	爸爸	bàba
ouders (mv.)	父母	fù mǔ
kind (het)	孩子	hái zi
kinderen (mv.)	孩子们	hái zi men
oma (de)	姥姥	lǎo lao
opa (de)	爷爷	yé ye
kleinzoon (de)	孙子	sūn zi
kleindochter (de)	孙女	sūn nǚ
kleinkinderen (mv.)	孙子们	sūn zi men

oom (de)	姑爹	gū diē
tante (de)	姑妈	gū mā
neef (zoon van broer/zus)	侄子	zhí zi
nicht (dochter van broer/zus)	侄女	zhí nǚ
schoonmoeder (de)	岳母	yuè mǔ
schoonvader (de)	公公	gōng gong
schoonzoon (de)	女婿	nǚ xu
stiefmoeder (de)	继母	jì mǔ
stiefvader (de)	继父	jì fù
zuigeling (de)	婴儿	yīng ér
wiegenkind (het)	婴儿	yīng ér
kleuter (de)	小孩	xiǎo hái
vrouw (de)	妻子	qī zi
man (de)	老公	lǎo gōng
echtgenoot (de)	配偶	pèi ǒu
echtgenote (de)	配偶	pèi ǒu
gehuwd (mann.)	结婚的	jié hūn de
gehuwd (vrouw.)	结婚的	jié hūn de
ongehuwd (mann.)	独身的	dú shēn de
vrijgezel (de)	单身汉	dān shēn hàn
gescheiden (bn)	离婚的	lí hūn de
weduwe (de)	寡妇	guǎ fu
weduwnaar (de)	鳏夫	guān fū
familielid (het)	亲戚	qīn qi
dichte familielid (het)	近亲	jìn qīn
verre familielid (het)	远亲	yuǎn qīn
familieleden (mv.)	亲属	qīn shǔ
wees (de), weeskind (het)	孤儿	gū ér
voogd (de)	监护人	jiān hù rén
adopteren (een jongen te ~)	收养	shōu yǎng
adopteren (een meisje te ~)	收养	shōu yǎng

Geneeskunde

47. Ziekten

ziekte (de)	病	bìng
ziek zijn (ww)	生病	shēng bìng
gezondheid (de)	健康	jiàn kāng
snotneus (de)	流鼻涕	liú bí tì
angina (de)	扁桃体炎	biǎn táo tǐ yán
verkoudheid (de)	感冒	gǎn mào
verkouden raken (ww)	感冒	gǎn mào
bronchitis (de)	支气管炎	zhī qì guǎn yán
longontsteking (de)	肺炎	fèi yán
griep (de)	流感	liú gǎn
bijziend (bn)	近视的	jìn shì de
verziend (bn)	远视的	yuǎn shì de
scheelheid (de)	斜眼	xié yǎn
scheel (bn)	对眼的	duì yǎn de
grauwe staar (de)	白内障	bái nèi zhàng
glaucoom (het)	青光眼	qīng guāng yǎn
beroerte (de)	中风	zhòng fēng
hartinfarct (het)	梗塞	gěng sè
myocardiaal infarct (het)	心肌梗塞	xīn jī gěng sè
verlamming (de)	麻痹	má bì
verlammen (ww)	使 … 麻痹	shǐ … má bì
allergie (de)	过敏	guò mǐn
astma (de/het)	哮喘	xiāo chuǎn
diabetes (de)	糖尿病	táng niào bìng
tandpijn (de)	牙痛	yá tòng
tandbederf (het)	龋齿	qǔ chǐ
diarree (de)	腹泻	fù xiè
constipatie (de)	便秘	biàn bì
maagstoornis (de)	饮食失调	yǐn shí shī tiáo
voedselvergiftiging (de)	食物中毒	shí wù zhòng dú
voedselvergiftiging oplopen	中毒	zhòng dú
artritis (de)	关节炎	guān jié yán
rachitis (de)	佝偻病	kòu lóu bìng
reuma (het)	风湿	fēng shī
arteriosclerose (de)	动脉粥样硬化	dòng mài zhōu yàng yìng huà
gastritis (de)	胃炎	wèi yán
blindedarmontsteking (de)	阑尾炎	lán wěi yán

galblaasontsteking (de)	胆囊炎	dǎn nán gyán
zweer (de)	溃疡	kuì yáng
mazelen (mv.)	麻疹	má zhěn
rodehond (de)	风疹	fēng zhěn
geelzucht (de)	黄疸	huáng dǎn
leverontsteking (de)	肝炎	gān yán
schizofrenie (de)	精神分裂症	jīngshen fēnliè zhèng
dolheid (de)	狂犬病	kuáng quǎn bìng
neurose (de)	神经症	shén jīng zhèng
hersenschudding (de)	脑震荡	nǎo zhèn dàng
kanker (de)	癌症	ái zhèng
sclerose (de)	硬化	yìng huà
multiple sclerose (de)	多发性硬化症	duō fā xìng yìng huà zhèng
alcoholisme (het)	酗酒	xù jiǔ
alcoholicus (de)	酗酒者	xù jiǔ zhě
syfilis (de)	梅毒	méi dú
AIDS (de)	艾滋病	ài zī bìng
tumor (de)	肿瘤	zhǒng liú
koorts (de)	发烧	fā shāo
malaria (de)	疟疾	nuè ji
gangreen (het)	坏疽	huài jū
zeeziekte (de)	晕船	yùn chuán
epilepsie (de)	癫痫	diān xián
epidemie (de)	流行病	liú xíng bìng
tyfus (de)	斑疹伤寒	bān zhěn shāng hán
tuberculose (de)	结核病	jié hé bìng
cholera (de)	霍乱	huò luàn
pest (de)	瘟疫	wēn yì

48. Symptomen. Behandelingen. Deel 1

symptoom (het)	症状	zhèng zhuàng
temperatuur (de)	体温	tǐ wēn
verhoogde temperatuur (de)	发热	fā rè
polsslag (de)	脉搏	mài bó
duizeling (de)	眩晕	xuàn yùn
heet (erg warm)	热	rè
koude rillingen (mv.)	颤抖	chàn dǒu
bleek (bn)	苍白的	cāng bái de
hoest (de)	咳嗽	ké sou
hoesten (ww)	咳，咳嗽	ké, ké sou
niezen (ww)	打喷嚏	dǎ pēn tì
flauwte (de)	晕倒	yūn dǎo
flauwvallen (ww)	晕倒	yūn dǎo
blauwe plek (de)	青伤痕	qīng shāng hén
buil (de)	包	bāo

zich stoten (ww)	擦伤	cā shāng
kneuzing (de)	擦伤	cā shāng
kneuzen (gekneusd zijn)	瘀伤	yū shāng
hinken (ww)	跛行	bǒ xíng
verstuiking (de)	脱位	tuō wèi
verstuiken (enkel, enz.)	使 ··· 脱位	shǐ ... tuō wèi
breuk (de)	骨折	gǔ zhé
een breuk oplopen	弄骨折	nòng gǔzhé
snijwond (de)	伤口	shāng kǒu
zich snijden (ww)	割破	gē pò
bloeding (de)	流血	liú xuè
brandwond (de)	烧伤	shāo shāng
zich branden (ww)	烧伤	shāo shāng
prikken (ww)	扎破	zhā pò
zich prikken (ww)	扎伤	zhā shāng
blesseren (ww)	损伤	sǔn shāng
blessure (letsel)	损伤	sǔn shāng
wond (de)	伤口	shāng kǒu
trauma (het)	外伤	wài shāng
IJlen (ww)	说胡话	shuō hú huà
stotteren (ww)	口吃	kǒu chī
zonnesteek (de)	中暑	zhòng shǔ

49. Symptomen. Behandelingen. Deel 2

pijn (de)	痛	tòng
splinter (de)	木刺	mù cì
zweet (het)	汗	hàn
zweten (ww)	出汗	chū hàn
braking (de)	呕吐	ǒu tù
stuiptrekkingen (mv.)	抽搐	chōu chù
zwanger (bn)	怀孕的	huái yùn de
geboren worden (ww)	出生	chū shēng
geboorte (de)	生产, 分娩	shēngchǎn, fēnmiǎn
baren (ww)	生, 分娩	shēng, fēnmiǎn
abortus (de)	人工流产	rén gōng liú chǎn
ademhaling (de)	呼吸	hū xī
inademing (de)	吸	xī
uitademing (de)	呼气	hū qì
uitademen (ww)	呼出	hū chū
inademen (ww)	吸入	xī rù
invalide (de)	残疾人	cán jí rén
gehandicapte (de)	残疾人	cán jí rén
drugsverslaafde (de)	吸毒者	xī dú zhě
doof (bn)	聋的	lóng de

stom (bn)	哑的	yǎ de
doofstom (bn)	聋哑的	lóng yǎ de
krankzinnig (bn)	精神失常的	jīngshen shī cháng de
krankzinnige (man)	疯子	fēng zi
krankzinnige (vrouw)	疯子	fēng zi
krankzinnig worden	发疯	fā fēng
gen (het)	基因	jī yīn
immuniteit (de)	免疫力	miǎn yì lì
erfelijk (bn)	遗传的	yí chuán de
aangeboren (bn)	天生的	tiān shēng de
virus (het)	病毒	bìng dú
microbe (de)	微生物	wēi shēng wù
bacterie (de)	细菌	xì jūn
infectie (de)	传染	chuán rǎn

50. Symptomen. Behandelingen. Deel 3

ziekenhuis (het)	医院	yī yuàn
patiënt (de)	病人	bìng rén
diagnose (de)	诊断	zhěn duàn
genezing (de)	治疗	zhì liáo
medische behandeling (de)	治疗	zhì liáo
onder behandeling zijn	治病	zhì bìng
behandelen (ww)	治疗	zhì liáo
zorgen (zieken ~)	看护	kān hù
ziekenzorg (de)	护理	hùlǐ
operatie (de)	手术	shǒu shù
verbinden (een arm ~)	用绷带包扎	yòng bēngdài bāozā
verband (het)	绷带法	bēngdài fǎ
vaccin (het)	疫苗	yìmiáo
inenten (vaccineren)	给 … 接种疫苗	gěi … jiē zhòng yì miáo
injectie (de)	注射	zhù shè
een injectie geven	打针	dǎ zhēn
aanval (de)	发作	fāzuò
amputatie (de)	截肢	jié zhī
amputeren (ww)	截肢	jié zhī
coma (het)	昏迷	hūn mí
in coma liggen	昏迷	hūn mí
intensieve zorg, ICU (de)	重症监护室	zhòng zhēng jiàn hù shì
zich herstellen (ww)	复原	fù yuán
toestand (de)	状态	zhuàng tài
bewustzijn (het)	知觉	zhī jué
geheugen (het)	记忆力	jì yì lì
trekken (een kies ~)	拔牙	bá yá
vulling (de)	补牙	bǔ yá

vullen (ww)	补牙	bǔ yá
hypnose (de)	催眠	cuī mián
hypnotiseren (ww)	催眠	cuī mián

51. Artsen

dokter, arts (de)	医生	yīshēng
ziekenzuster (de)	护士	hù shi
lijfarts (de)	私人医生	sī rén yīshēng
tandarts (de)	牙科医生	yá kē yīshēng
oogarts (de)	眼科医生	yǎn kē yīshēng
therapeut (de)	内科医生	nèi kē yīshēng
chirurg (de)	外科医生	wài kē yīshēng
psychiater (de)	精神病医生	jīng shén bìng yīshēng
pediater (de)	儿科医生	ér kē yīshēng
psycholoog (de)	心理学家	xīn lǐ xué jiā
gynaecoloog (de)	妇科医生	fù kē yīshēng
cardioloog (de)	心脏病专家	xīn zàng bìng zhuān jiā

52. Geneeskunde. Medicijnen. Accessoires

geneesmiddel (het)	药	yào
middel (het)	药剂	yào jì
voorschrijven (ww)	开药方	kāi yào fāng
recept (het)	药方	yào fāng
tablet (de/het)	药片	yào piàn
zalf (de)	药膏	yào gāo
ampul (de)	安瓿	ān bù
drank (de)	药水	yào shuǐ
siroop (de)	糖浆	táng jiāng
pil (de)	药丸	yào wán
poeder (de/het)	药粉	yào fěn
verband (het)	绷带	bēngdài
watten (mv.)	药棉	yào mián
jodium (het)	碘酒	diǎn jiǔ
pleister (de)	橡皮膏	xiàng pí gāo
pipet (de)	滴管	dī guǎn
thermometer (de)	体温表	tǐ wēn biǎo
spuit (de)	注射器	zhù shè qì
rolstoel (de)	轮椅	lú nyǐ
krukken (mv.)	拐杖	guǎi zhàng
pijnstiller (de)	止痛药	zhǐ tòng yào
laxeermiddel (het)	泻药	xiè yào
spiritus (de)	酒精	jiǔ jīng
medicinale kruiden (mv.)	药草	yào cǎo
kruiden- (abn)	草药的	cǎo yào de

HET MENSELIJKE LEEFGEBIED

Stad

53. Stad. Het leven in de stad

stad (de)	城市	chéng shì
hoofdstad (de)	首都	shǒu dū
dorp (het)	村庄	cūn zhuāng
plattegrond (de)	城市地图	chéng shì dìtú
centrum (ov. een stad)	城市中心	chéng shì zhōngxīn
voorstad (de)	郊区	jiāo qū
voorstads- (abn)	郊区的	jiāo qū de
randgemeente (de)	郊区	jiāo qū
omgeving (de)	周围地区	zhōuwéi dì qū
blok (huizenblok)	街区	jiē qū
woonwijk (de)	住宅区	zhù zhái qū
verkeer (het)	交通	jiāo tōng
verkeerslicht (het)	红绿灯	hóng lǜ dēng
openbaar vervoer (het)	公共交通	gōng gòng jiāo tōng
kruispunt (het)	十字路口	shí zì lù kǒu
zebrapad (oversteekplaats)	人行横道	rén xíng héng dào
onderdoorgang (de)	人行地道	rén xíng dìdào
oversteken (de straat ~)	穿马路	chuān mǎ lù
voetganger (de)	行人	xíng rén
trottoir (het)	人行道	rén xíng dào
brug (de)	桥	qiáo
dijk (de)	堤岸	dī àn
fontein (de)	喷泉	pēn quán
allee (de)	小巷	xiǎo xiàng
park (het)	公园	gōng yuán
boulevard (de)	林荫大道	lín yìn dàdào
plein (het)	广场	guǎng chǎng
laan (de)	大街	dàjiē
straat (de)	路	lù
zijstraat (de)	胡同	hú tòng
doodlopende straat (de)	死胡同	sǐ hú tòng
huis (het)	房子	fáng zi
gebouw (het)	楼房，大厦	lóufáng, dàshà
wolkenkrabber (de)	摩天大楼	mó tiān dà lóu
gevel (de)	正面	zhèng miàn
dak (het)	房顶	fáng dǐng

venster (het)	窗户	chuāng hu
boog (de)	拱门	gǒng mén
pilaar (de)	柱	zhù
hoek (ov. een gebouw)	拐角	guǎi jiǎo
vitrine (de)	商店橱窗	shāng diàn chú chuāng
gevelreclame (de)	招牌	zhāo pái
affiche (de/het)	海报	hǎi bào
reclameposter (de)	广告画	guǎnggào huà
aanplakbord (het)	广告牌	guǎnggào pái
vuilnis (de/het)	垃圾	lā jī
vuilnisbak (de)	垃圾桶	lā jī tǒng
afval weggooien (ww)	乱扔	luàn rēng
stortplaats (de)	垃圾堆	lājī duī
telefooncel (de)	电话亭	diàn huà tíng
straatlicht (het)	路灯	lù dēng
bank (de)	长椅	chángyǐ
politieagent (de)	警察	jǐng chá
politie (de)	警察	jǐng chá
zwerver (de)	乞丐	qǐgài

54. Stedelijke instellingen

winkel (de)	商店	shāng diàn
apotheek (de)	药房	yào fáng
optiek (de)	眼镜店	yǎn jìng diàn
winkelcentrum (het)	百货商店	bǎihuò shāngdiàn
supermarkt (de)	超市	chāo shì
bakkerij (de)	面包店	miànbāo diàn
bakker (de)	面包师	miànbāo shī
banketbakkerij (de)	糖果店	tángguǒ diàn
slagerij (de)	肉铺	ròu pù
groentewinkel (de)	水果店	shuǐ guǒ diàn
markt (de)	市场	shì chǎng
koffiehuis (het)	咖啡馆	kāfēi guǎn
restaurant (het)	饭馆	fàn guǎn
bar (de)	酒吧	jiǔ bā
pizzeria (de)	比萨饼店	bǐ sà bǐng diàn
kapperssalon (de/het)	理发店	lǐ fà diàn
postkantoor (het)	邮局	yóu jú
stomerij (de)	干洗店	gān xǐ diàn
fotostudio (de)	照相馆	zhào xiàng guǎn
schoenwinkel (de)	鞋店	xié diàn
boekhandel (de)	书店	shū diàn
sportwinkel (de)	体育用品店	tǐ yù yòng pǐn diàn
kledingreparatie (de)	修衣服店	xiū yī fu diàn

kledingverhuur (de)	服装出租	fú zhuāng chū zū
videotheek (de)	DVD出租店	diwidi chūzūdiàn
circus (de/het)	马戏团	mǎ xì tuán
dierentuin (de)	动物园	dòng wù yuán
bioscoop (de)	电影院	diànyǐng yuàn
museum (het)	博物馆	bó wù guǎn
bibliotheek (de)	图书馆	tú shū guǎn
theater (het)	剧院	jù yuàn
opera (de)	歌剧院	gē jù yuàn
nachtclub (de)	夜总会	yè zǒng huì
casino (het)	赌场	dǔ chǎng
moskee (de)	清真寺	qīng zhēn sì
synagoge (de)	犹太教堂	yóu tài jiào táng
kathedraal (de)	大教堂	dà jiào táng
tempel (de)	庙宇，教堂	miào yǔ, jiào táng
kerk (de)	教堂	jiào táng
instituut (het)	学院	xué yuàn
universiteit (de)	大学	dà xué
school (de)	学校	xué xiào
stadhuis (het)	市政厅	shì zhèng tīng
hotel (het)	酒店	jiǔ diàn
bank (de)	银行	yín háng
ambassade (de)	大使馆	dà shǐ guǎn
reisbureau (het)	旅行社	lǚ xíng shè
informatieloket (het)	问询处	wèn xún chù
wisselkantoor (het)	货币兑换处	huòbì duì huàn chù
metro (de)	地铁	dì tiě
ziekenhuis (het)	医院	yī yuàn
benzinestation (het)	加油站	jiā yóu zhàn
parking (de)	停车场	tíng chē cháng

55. Borden

gevelreclame (de)	招牌	zhāo pái
opschrift (het)	题词	tí cí
poster (de)	宣传画	xuān chuán huà
wegwijzer (de)	指路标志	zhǐ lù biāo zhì
pijl (de)	箭头	jiàn tóu
waarschuwing (verwittiging)	警告	jǐng gào
waarschuwingsbord (het)	警告	jǐng gào
waarschuwen (ww)	警告	jǐng gào
vrije dag (de)	休假日	xiū jià rì
dienstregeling (de)	时刻表	shí kè biǎo
openingsuren (mv.)	营业时间	yíng yè shí jiān

WELKOM!	欢迎光临	huān yíng guāng lín
INGANG	入口	rù kǒu
UITGANG	出口	chū kǒu
DUWEN	推	tuī
TREKKEN	拉	lā
OPEN	开门	kāi mén
GESLOTEN	关门	guān mén
DAMES	女洗手间	nǚ xǐshǒujiān
HEREN	男洗手间	nán xǐshǒujiān
KORTING	折扣	zhé kòu
UITVERKOOP	销售	xiāoshòu
NIEUW!	新品!	xīnpǐn!
GRATIS	免费	miǎn fèi
PAS OP!	请注意	qǐng zhù yì
VOLGEBOEKT	客满	kè mǎn
GERESERVEERD	留座	liú zuò
ADMINISTRATIE	高层管理者	gāocéng guǎnlǐ zhě
ALLEEN VOOR PERSONEEL	仅限员工通行	jǐn xiàn yuángōng tōngxíng
GEVAARLIJKE HOND	当心狗!	dāng xīn gǒu!
VERBODEN TE ROKEN!	禁止吸烟	jìnzhǐ xīyān
NIET AANRAKEN!	禁止触摸	jìn zhǐ chù mō
GEVAARLIJK	危险	wēi xiǎn
GEVAAR	危险	wēi xiǎn
HOOGSPANNING	高压危险	gāo yā wēi xiǎn
VERBODEN TE ZWEMMEN	禁止游泳	jìnzhǐ yóuyǒng
BUITEN GEBRUIK	故障中	gù zhàng zhōng
ONTVLAMBAAR	易燃物质	yì rán wù zhì
VERBODEN	禁止	jìn zhǐ
DOORGANG VERBODEN	禁止通行	jìnzhǐ tōng xíng
OPGELET PAS GEVERFD	油漆未干	yóu qī wèi gān

56. Stedelijk vervoer

bus, autobus (de)	公共汽车	gōnggòng qìchē
tram (de)	电车	diànchē
trolleybus (de)	无轨电车	wúguǐ diànchē
route (de)	路线	lù xiàn
nummer (busnummer, enz.)	号	hào
rijden met ...	··· 去	... qù
stappen (in de bus ~)	上车	shàng chē
afstappen (ww)	下车	xià chē
halte (de)	车站	chē zhàn
volgende halte (de)	下一站	xià yī zhàn

eindpunt (het)	终点站	zhōng diǎn zhàn
dienstregeling (de)	时刻表	shí kè biǎo
wachten (ww)	等	děng
kaartje (het)	票	piào
reiskosten (de)	票价	piào jià
kassier (de)	出纳	chū nà
kaartcontrole (de)	查验车票	chá yàn chē piào
controleur (de)	售票员	shòu piào yuán
te laat zijn (ww)	误点	wù diǎn
missen (de bus ~)	未赶上	wèi gǎn shàng
zich haasten (ww)	急忙	jí máng
taxi (de)	出租车	chūzūchē
taxichauffeur (de)	出租车司机	chūzūchē sī jī
met de taxi (bw)	乘出租车	chéng chūzūchē
taxistandplaats (de)	出租车站	chūzūchē zhàn
een taxi bestellen	叫计程车	jiào jì chéng chē
een taxi nemen	乘出租车	chéng chūzūchē
verkeer (het)	交通	jiāo tōng
file (de)	堵车	dǔ chē
spitsuur (het)	高峰 时间	gāo fēng shí jiān
parkeren (on.ww.)	停放	tíng fàng
parkeren (ov.ww.)	停放	tíng fàng
parking (de)	停车场	tíng chē cháng
metro (de)	地铁	dì tiě
halte (bijv. kleine treinhalte)	站	zhàn
de metro nemen	坐地铁	zuò dì tiě
trein (de)	火车	huǒ chē
station (treinstation)	火车站	huǒ chē zhàn

57. Bezienswaardigheden

monument (het)	纪念像	jì niàn xiàng
vesting (de)	堡垒	bǎo lěi
paleis (het)	宫殿	gōng diàn
kasteel (het)	城堡	chéng bǎo
toren (de)	塔	tǎ
mausoleum (het)	陵墓	líng mù
architectuur (de)	建筑	jiàn zhù
middeleeuws (bn)	中世纪的	zhōng shì jì de
oud (bn)	古老的	gǔ lǎo de
nationaal (bn)	国家，国民	guó jiā, guó mín
bekend (bn)	有名的	yǒu míng de
toerist (de)	旅行者	lǚ xíng zhě
gids (de)	导游	dǎo yóu
rondleiding (de)	游览	yóu lǎn
tonen (ww)	把 … 给 … 看	bǎ … gěi … kàn

vertellen (ww)	讲	jiǎng
vinden (ww)	找到	zhǎo dào
verdwalen (de weg kwijt zijn)	迷路	mí lù
plattegrond (~ van de metro)	地图	dì tú
plattegrond (~ van de stad)	地图	dì tú
souvenir (het)	纪念品	jì niàn pǐn
souvenirwinkel (de)	礼品店	lǐ pǐn diàn
een foto maken (ww)	拍照	pāi zhào
zich laten fotograferen	拍照	pāi zhào

58. Winkelen

kopen (ww)	买，购买	mǎi, gòu mǎi
aankoop (de)	购买	gòu mǎi
winkelen (ww)	去买东西	qù mǎi dōng xi
winkelen (het)	购物	gòu wù
open zijn (ov. een winkel, enz.)	营业	yíng yè
gesloten zijn (ww)	关门	guān mén
schoeisel (het)	鞋类	xié lèi
kleren (mv.)	服装	fú zhuāng
cosmetica (de)	化妆品	huà zhuāng pǐn
voedingswaren (mv.)	食品	shí pǐn
geschenk (het)	礼物	lǐ wù
verkoper (de)	售货员	shòu huò yuán
verkoopster (de)	女售货员	nǚ shòuhuò yuán
kassa (de)	收银台	shōu yín tái
spiegel (de)	镜子	jìng zi
toonbank (de)	柜台	guì tái
paskamer (de)	试衣间	shì yī jiān
aanpassen (ww)	试穿	shì chuān
passen (ov. kleren)	合适	hé shì
bevallen (prettig vinden)	喜欢	xǐ huan
prijs (de)	价格	jià gé
prijskaartje (het)	价格标签	jià gé biāo qiān
kosten (ww)	价钱为	jià qian wèi
Hoeveel?	多少钱?	duōshao qián?
korting (de)	折扣	zhé kòu
niet duur (bn)	不贵的	bù guì de
goedkoop (bn)	便宜的	pián yi de
duur (bn)	贵的	guì de
Dat is duur.	这个太贵	zhège tàiguì
verhuur (de)	出租	chū zū
huren (smoking, enz.)	租用	zū yòng
krediet (het)	赊购	shē gòu
op krediet (bw)	赊欠	shē qiàn

59. Geld

geld (het)	钱，货币	qián, huòbì
ruil (de)	兑换	duì huàn
koers (de)	汇率	huì lǜ
geldautomaat (de)	自动取款机	zì dòng qǔ kuǎn jī
muntstuk (de)	硬币	yìngbì
dollar (de)	美元	měi yuán
euro (de)	欧元	ōu yuán
lire (de)	里拉	lǐ lā
Duitse mark (de)	德国马克	dé guó mǎ kè
frank (de)	法郎	fǎ láng
pond sterling (het)	英镑	yīng bàng
yen (de)	日元	rì yuán
schuld (geldbedrag)	债务	zhài wù
schuldenaar (de)	债务人	zhài wù rén
uitlenen (ww)	借给	jiè gěi
lenen (geld ~)	借	jiè
bank (de)	银行	yín háng
bankrekening (de)	账户	zhànghù
op rekening storten	存款	cún kuǎn
opnemen (ww)	提取	tí qǔ
kredietkaart (de)	信用卡	xìn yòng kǎ
baar geld (het)	现金	xiàn jīn
cheque (de)	支票	zhī piào
een cheque uitschrijven	开支票	kāi zhī piào
chequeboekje (het)	支票本	zhīpiào běn
portefeuille (de)	钱包	qián bāo
geldbeugel (de)	零钱包	líng qián bāo
portemonnee (de)	钱夹	qián jiā
safe (de)	保险柜	bǎo xiǎn guì
erfgenaam (de)	继承人	jì chéng rén
erfenis (de)	遗产	yí chǎn
fortuin (het)	财产，财富	cáichǎn, cáifù
huur (de)	租赁	zū lìn
huurprijs (de)	租金	zū jīn
huren (huis, kamer)	租房	zū fáng
prijs (de)	价格	jià gé
kostprijs (de)	价钱	jià qian
som (de)	金额	jīn é
uitgeven (geld besteden)	花	huā
kosten (mv.)	花费	huā fèi
bezuinigen (ww)	节省	jié shěng
zuinig (bn)	节约的	jié yuē de
betalen (ww)	付，支付	fù, zhī fù

betaling (de)	酬金	chóu jīn
wisselgeld (het)	零钱	líng qián

belasting (de)	税, 税款	shuì, shuì kuǎn
boete (de)	罚款	fá kuǎn
beboeten (bekeuren)	罚款	fá kuǎn

60. Post. Postkantoor

postkantoor (het)	邮局	yóu jú
post (de)	邮件	yóu jiàn
postbode (de)	邮递员	yóu dì yuán
openingsuren (mv.)	营业时间	yíng yè shí jiān

brief (de)	信, 信函	xìn, xìn hán
aangetekende brief (de)	挂号信	guà hào xìn
briefkaart (de)	明信片	míng xìn piàn
telegram (het)	电报	diàn bào
postpakket (het)	包裹, 邮包	bāo guǒ, yóu bāo
overschrijving (de)	汇款资讯	huì kuǎn zī xùn

ontvangen (ww)	收到	shōu dào
sturen (zenden)	寄	jì
verzending (de)	发信	fā xìn

adres (het)	地址	dì zhǐ
postcode (de)	邮编	yóu biān
verzender (de)	发信人	fā xìn rén
ontvanger (de)	收信人	shōu xìn rén

naam (de)	名字	míng zi
achternaam (de)	姓	xìng

tarief (het)	费率	fèi lǜ
standaard (bn)	普通	pǔ tōng
zuinig (bn)	经济的	jīng jì de

gewicht (het)	重量	zhòng liàng
afwegen (op de weegschaal)	称重	chēng zhòng
envelop (de)	信封	xìn fēng
postzegel (de)	邮票	yóu piào

Woning. Huis. Thuis

61. Huis. Elektriciteit

elektriciteit (de)	电	diàn
lamp (de)	灯泡	dēng pào
schakelaar (de)	开关	kāi guān
zekering (de)	保险丝	bǎo xiǎn sī
draad (de)	电线	diàn xiàn
bedrading (de)	电气配线	diàn qì pèi xiàn
elektriciteitsmeter (de)	电表	diàn biǎo
gegevens (mv.)	读数	dú shù

62. Villa. Herenhuis

landhuisje (het)	乡间别墅	xiāng jiān bié shù
villa (de)	别墅	bié shù
vleugel (de)	侧屋	cè wū
tuin (de)	花园	huā yuán
park (het)	公园	gōng yuán
oranjerie (de)	温室	wēn shì
onderhouden (tuin, enz.)	照料	zhào liào
zwembad (het)	游泳池	yóu yǒng chí
gym (het)	健身室	jiàn shēn shì
tennisveld (het)	网球场	wǎng qiú chǎng
bioscoopkamer (de)	家庭影院	jiātíng yǐngyuàn
garage (de)	车库	chē kù
privé-eigendom (het)	私有 财产	sī yǒu cái chǎn
eigen terrein (het)	私人土地	sī rén tǔ dì
waarschuwing (de)	警告	jǐng gào
waarschuwingsbord (het)	警告牌子	jǐng gào pái zi
bewaking (de)	安保	ān bǎo
bewaker (de)	安保员	ān bǎo yuán
inbraakalarm (het)	防盗报警器	fáng dào bào jǐng qì

63. Appartement

appartement (het)	公寓	gōng yù
kamer (de)	房间	fáng jiān
slaapkamer (de)	卧室	wòshì

eetkamer (de)	餐厅	cān tīng
salon (de)	客厅	kè tīng
studeerkamer (de)	书房	shū fáng
gang (de)	入口空间	rù kǒu kōng jiān
badkamer (de)	浴室	yù shì
toilet (het)	卫生间	wèi shēng jiān
plafond (het)	天花板	tiān huā bǎn
vloer (de)	地板	dì bǎn
hoek (de)	墙角	qiáng jiǎo

64. Meubels. Interieur

meubels (mv.)	家具	jiā jù
tafel (de)	桌子	zhuō zi
stoel (de)	椅子	yǐ zi
bed (het)	床	chuáng
bankstel (het)	沙发	shā fā
fauteuil (de)	扶手椅	fú shǒu yǐ
boekenkast (de)	书橱	shū chú
boekenrek (het)	书架	shū jià
stellingkast (de)	橱架	chú jià
kledingkast (de)	衣柜	yī guì
kapstok (de)	墙衣帽架	qiáng yī mào jià
staande kapstok (de)	衣帽架	yī mào jià
commode (de)	五斗柜	wǔ dǒu guì
salontafeltje (het)	茶几	chá jī
spiegel (de)	镜子	jìng zi
tapijt (het)	地毯	dìtǎn
tapijtje (het)	小地毯	xiǎo dìtǎn
haard (de)	壁炉	bì lú
kaars (de)	蜡烛	là zhú
kandelaar (de)	烛台	zhútái
gordijnen (mv.)	窗帘	chuāng lián
behang (het)	墙纸	qiáng zhǐ
jaloezie (de)	百叶窗	bǎi yè chuāng
bureaulamp (de)	台灯	tái dēng
wandlamp (de)	灯	dēng
staande lamp (de)	落地灯	luò dì dēng
luchter (de)	枝形吊灯	zhī xíng diào dēng
poot (ov. een tafel, enz.)	腿	tuǐ
armleuning (de)	扶手	fú shou
rugleuning (de)	靠背	kào bèi
la (de)	抽屉	chōu tì

65. Beddengoed

beddengoed (het)	铺盖	pū gài
kussen (het)	枕头	zhěn tou
kussenovertrek (de)	枕套	zhěn tào
deken (de)	羽绒被	yǔ róng bèi
laken (het)	床单	chuáng dān
sprei (de)	床罩	chuáng zhào

66. Keuken

keuken (de)	厨房	chú fáng
gas (het)	煤气	méi qì
gasfornuis (het)	煤气炉	méi qì lú
elektrisch fornuis (het)	电炉	diàn lú
oven (de)	烤箱	kǎo xiāng
magnetronoven (de)	微波炉	wēi bō lú
koelkast (de)	冰箱	bīng xiāng
diepvriezer (de)	冷冻室	lěng dòng shì
vaatwasmachine (de)	洗碗机	xǐ wǎn jī
vleesmolen (de)	绞肉机	jiǎo ròu jī
vruchtenpers (de)	榨汁机	zhà zhī jī
toaster (de)	烤面包机	kǎo miàn bāo jī
mixer (de)	搅拌机	jiǎo bàn jī
koffiemachine (de)	咖啡机	kāfēi jī
koffiepot (de)	咖啡壶	kāfēi hú
koffiemolen (de)	咖啡研磨器	kāfēi yánmóqì
fluitketel (de)	开水壶	kāi shuǐ hú
theepot (de)	茶壶	chá hú
deksel (de/het)	盖子	gài zi
theezeefje (het)	滤茶器	lǜ chá qì
lepel (de)	匙子	chá zi
theelepeltje (het)	茶匙	chá chí
eetlepel (de)	汤匙	tāng chí
vork (de)	叉，餐叉	chā, cān chā
mes (het)	刀，刀子	dāo, dāo zi
vaatwerk (het)	餐具	cān jù
bord (het)	盘子	pán zi
schoteltje (het)	碟子	dié zi
likeurglas (het)	小酒杯	xiǎo jiǔ bēi
glas (het)	杯子	bēi zi
kopje (het)	杯子	bēi zi
suikerpot (de)	糖碗	táng wǎn
zoutvat (het)	盐瓶	yán píng
pepervat (het)	胡椒瓶	hú jiāo píng

boterschaaltje (het)	黄油碟	huáng yóu dié
steelpan (de)	炖锅	dùn guō
bakpan (de)	煎锅	jiān guō
pollepel (de)	长柄勺	cháng bǐng sháo
vergiet (de/het)	漏勺	lòu sháo
dienblad (het)	托盘	tuō pán
fles (de)	瓶子	píng zi
glazen pot (de)	玻璃罐	bōli guàn
blik (conserven~)	罐头	guàn tou
flesopener (de)	瓶起子	píng qǐ zi
blikopener (de)	开罐器	kāi guàn qì
kurkentrekker (de)	螺旋 拔塞器	luóxuán básāiqì
filter (de/het)	滤器	lǜ qì
filteren (ww)	过滤	guò lǜ
huisvuil (het)	垃圾	lā jī
vuilnisemmer (de)	垃圾桶	lā jī tǒng

67. Badkamer

badkamer (de)	浴室	yù shì
water (het)	水	shuǐ
kraan (de)	水龙头	shuǐ lóng tóu
warm water (het)	热水	rè shuǐ
koud water (het)	冷水	lěng shuǐ
tandpasta (de)	牙膏	yá gāo
tanden poetsen (ww)	刷牙	shuā yá
zich scheren (ww)	剃须	tì xū
scheercrème (de)	剃须泡沫	tì xū pào mò
scheermes (het)	剃须刀	tì xū dāo
wassen (ww)	洗	xǐ
een bad nemen	洗澡	xǐ zǎo
douche (de)	淋浴	lín yù
een douche nemen	洗淋浴	xǐ lín yù
bad (het)	浴缸	yù gāng
toiletpot (de)	抽水马桶	chōu shuǐ mǎ tǒng
wastafel (de)	水槽	shuǐ cáo
zeep (de)	肥皂	féi zào
zeepbakje (het)	肥皂盒	féi zào hé
spons (de)	清洁绵	qīng jié mián
shampoo (de)	洗发液	xǐ fā yè
handdoek (de)	毛巾, 浴巾	máo jīn, yù jīn
badjas (de)	浴衣	yù yī
was (bijv. handwas)	洗衣	xǐ yī
wasmachine (de)	洗衣机	xǐ yī jī

de was doen	洗衣服	xǐ yī fu
waspoeder (de)	洗衣粉	xǐ yī fěn

68. Huishoudelijke apparaten

televisie (de)	电视机	diàn shì jī
cassettespeler (de)	录音机	lù yīn jī
videorecorder (de)	录像机	lù xiàng jī
radio (de)	收音机	shōu yīn jī
speler (de)	播放器	bō fàng qì
videoprojector (de)	投影器	tóu yǐng qì
home theater systeem (het)	家庭影院系统	jiā tíng yǐng yuàn xì tǒng
DVD-speler (de)	DVD 播放机	diwidi bōfàngjī
versterker (de)	放大器	fàng dà qì
spelconsole (de)	电子游戏机	diànzǐ yóuxìjī
videocamera (de)	摄像机	shè xiàng jī
fotocamera (de)	照相机	zhào xiàng jī
digitale camera (de)	数码相机	shù mǎ xiàng jī
stofzuiger (de)	吸尘器	xī chén qì
strijkijzer (het)	熨斗	yùn dǒu
strijkplank (de)	熨衣板	yùn yī bǎn
telefoon (de)	电话	diàn huà
mobieltje (het)	手机	shǒu jī
schrijfmachine (de)	打字机	dǎ zì jī
naaimachine (de)	缝纫机	féng rèn jī
microfoon (de)	话筒	huà tǒng
koptelefoon (de)	耳机	ěr jī
afstandsbediening (de)	遥控器	yáo kòng qì
CD (de)	光盘	guāng pán
cassette (de)	磁带	cí dài
vinylplaat (de)	唱片	chàng piàn

MENSELIJKE ACTIVITEITEN

Baan. Business. Deel 1

69. Kantoor. Op kantoor werken

kantoor (het)	办事处	bàn shì chù
kamer (de)	办公室	bàn gōng shì
receptie (de)	服务台	fú wù tái
secretaris (de)	秘书	mì shū
directeur (de)	经理	jīng lǐ
manager (de)	管理人	guǎn lǐ rén
boekhouder (de)	会计员	kuài jì yuán
werknemer (de)	雇员	gù yuán
meubilair (het)	家具	jiā jù
tafel (de)	办公桌	bàn gōng zhuō
bureaustoel (de)	办公椅	bàn gōng yǐ
ladeblok (het)	小柜	xiǎo guì
kapstok (de)	衣帽架	yī mào jià
computer (de)	电脑	diàn nǎo
printer (de)	打印机	dǎ yìn jī
fax (de)	传真机	chuán zhēn jī
kopieerapparaat (het)	复印机	fù yìn jī
papier (het)	纸	zhǐ
kantoorartikelen (mv.)	办公用具	bàn gōng yòng jù
muismat (de)	鼠标垫	shǔ biāo diàn
blad (het)	一张	yī zhāng
ordner (de)	活页夹	huó yè jiā
catalogus (de)	目录	mù lù
telefoongids (de)	电话簿	diàn huà bù
documentatie (de)	文件	wén jiàn
brochure (de)	小册子	xiǎo cè zi
flyer (de)	传单	chuán dān
monster (het), staal (de)	样品	yàng pǐn
training (de)	训练	xùn liàn
vergadering (de)	会议	huì yì
lunchpauze (de)	午饭时间	wǔ fàn shí jiān
een kopie maken	复印	fù yìn
de kopieën maken	复印 … 份	fù yìn … fèn
een fax ontvangen	接收传真	jiēshōu chuánzhēn
een fax versturen	发传真	fā chuánzhēn
opbellen (ww)	打电话	dǎ diàn huà

antwoorden (ww)	接电话	jiē diàn huà
doorverbinden (ww)	接通	jiē tōng
afspreken (ww)	安排	ān pái
demonstreren (ww)	展示	zhǎn shì
absent zijn (ww)	缺席	quē xí
afwezigheid (de)	缺席	quē xí

70. Bedrijfsprocessen. Deel 1

zaak (de), beroep (het)	职业，工作	zhí yè, gōng zuò
firma (de)	公司	gōng sī
bedrijf (maatschap)	公司	gōng sī
corporatie (de)	股份公司	gǔfèn gōng sī
onderneming (de)	企业，机构	qǐ yè, jī gòu
agentschap (het)	代理处	dài lǐ chù
overeenkomst (de)	协议	xié yì
contract (het)	合同	hé tong
transactie (de)	协议	xié yì
bestelling (de)	订购	dìng gòu
voorwaarde (de)	条件	tiáo jiàn
in het groot (bw)	批发	pī fā
groothandels- (abn)	批发的	pī fā de
groothandel (de)	批发	pī fā
kleinhandels- (abn)	零售	líng shòu
kleinhandel (de)	零售	líng shòu
concurrent (de)	竞争者	jìng zhēng zhě
concurrentie (de)	竞争	jìng zhēng
concurreren (ww)	竞争	jìng zhēng
partner (de)	合伙人	hé huǒ rén
partnerschap (het)	合伙	hé huǒ
crisis (de)	危机	wēi jī
bankroet (het)	破产	pò chǎn
bankroet gaan (ww)	破产	pò chǎn
moeilijkheid (de)	困难	kùn nan
probleem (het)	问题	wèn tí
catastrofe (de)	大灾难	dà zāi nàn
economie (de)	经济	jīng jì
economisch (bn)	经济的	jīng jì de
economische recessie (de)	经济衰退	jīng jì shuāi tuì
doel (het)	目标	mù biāo
taak (de)	目的	mù dì
handelen (handel drijven)	做生意	zuò shēngyi
netwerk (het)	网络	wǎng luò
voorraad (de)	库存	kù cún
assortiment (het)	品种	pǐn zhǒng

leider (de)	领袖	lǐng xiù
groot (bn)	大的	dà de
monopolie (het)	垄断	lǒng duàn
theorie (de)	理论	lǐ lùn
praktijk (de)	实践	shí jiàn
ervaring (de)	经历	jīng lì
tendentie (de)	趋势	qū shì
ontwikkeling (de)	发展	fā zhǎn

71. Bedrijfsprocessen. Deel 2

voordeel (het)	利益	lì yì
voordelig (bn)	盈利的	yíng lì de
delegatie (de)	代表团	dài biǎo tuán
salaris (het)	薪水	xīn shuǐ
corrigeren (fouten ~)	改正	gǎi zhèng
zakenreis (de)	出差	chū chāi
commissie (de)	委员会	wěi yuán huì
controleren (ww)	控制	kòng zhì
conferentie (de)	会议	huì yì
licentie (de)	许可	xǔ kě
betrouwbaar (partner, enz.)	可靠的	kě kào de
aanzet (de)	主动行动	zhǔ dòng xíng dòng
norm (bijv. ~ stellen)	标准	biāo zhǔn
omstandigheid (de)	情况	qíng kuàng
taak, plicht (de)	职责	zhí zé
organisatie (bedrijf, zaak)	企业，机构	qǐ yè, jī gòu
organisatie (proces)	组织	zǔ zhī
georganiseerd (bn)	有组织的	yǒu zǔ zhī de
afzegging (de)	取消	qǔ xiāo
afzeggen (ww)	取消	qǔ xiāo
verslag (het)	报告	bào gào
patent (het)	专利权	zhuān lì quán
patenteren (ww)	得到 … 的专利权	dé dào … de zhuān lì quán
plannen (ww)	计划	jì huà
premie (de)	奖金	jiǎng jīn
professioneel (bn)	专业的	zhuān yè de
procedure (de)	手续	shǒu xù
onderzoeken (contract, enz.)	严密检查	yán mì jiǎn chá
berekening (de)	计算	jì suàn
reputatie (de)	名誉	míng yù
risico (het)	冒险	mào xiǎn
beheren (managen)	领导	lǐng dǎo
informatie (de)	消息	xiāo xi

eigendom (bezit)	财产	cái chǎn
unie (de)	联盟	lián méng
levensverzekering (de)	生命保险	shēngmìng bǎoxiǎn
verzekeren (ww)	投保	tóu bǎo
verzekering (de)	保险	bǎo xiǎn
veiling (de)	拍卖	pāi mài
verwittigen (ww)	通知	tōng zhī
beheer (het)	管理	guǎn lǐ
dienst (de)	服务	fú wù
forum (het)	讨论会	tǎo lùn huì
functioneren (ww)	工作	gōng zuò
stap, etappe (de)	阶段	jiē duàn
juridisch (bn)	法律的	fǎ lǜ de
jurist (de)	律师	lǜ shī

72. Productie. Werken

industriële installatie (fabriek)	工厂	gōng chǎng
fabriek (de)	制造厂	zhì zào chǎng
werkplaatsruimte (de)	车间	chē jiān
productielocatie (de)	生产现场	shēng chǎn xiàn chǎng
industrie (de)	工业	gōng yè
industrieel (bn)	工业的	gōng yè de
zware industrie (de)	重工业	zhòng gōng yè
lichte industrie (de)	轻工业	qīng gōng yè
productie (de)	产品	chǎn pǐn
produceren (ww)	生产	shēng chǎn
grondstof (de)	原料	yuán liào
voorman, ploegbaas (de)	工头，领班	gōngtóu , lǐngbān
ploeg (de)	队，组	duì, zǔ
arbeider (de)	工人	gōng rén
werkdag (de)	工作日	gōng zuò rì
pauze (de)	休息	xiū xi
samenkomst (de)	会议	huì yì
bespreken (spreken over)	讨论	tǎo lùn
plan (het)	计划	jì huà
het plan uitvoeren	完成计划	wánchéng jìhuà
productienorm (de)	产量定额	chǎnliàng dìng é
kwaliteit (de)	质量	zhìliàng
controle (de)	检查	jiǎn chá
kwaliteitscontrole (de)	质量检查	zhìliàng jiǎnchá
arbeidsveiligheid (de)	劳动安全	láodòng ānquán
discipline (de)	纪律	jì lǜ
overtreding (de)	违反	wéi fǎn
overtreden (ww)	违反	wéi fǎn

staking (de)	罢工	bà gōng
staker (de)	罢工者	bà gōng zhě
staken (ww)	罢工	bà gōng
vakbond (de)	工会	gōng huì
uitvinden (machine, enz.)	发明	fā míng
uitvinding (de)	发明	fā míng
onderzoek (het)	研究	yán jiū
verbeteren (beter maken)	改善	gǎi shàn
technologie (de)	工艺	gōng yì
technische tekening (de)	工程图	gōng chéng tú
vracht (de)	货物	huò wù
lader (de)	装货人	zhuāng huò rén
laden (vrachtwagen)	装载	zhuāng zài
laden (het)	装货	zhuāng huò
lossen (ww)	卸货	xiè huò
lossen (het)	卸货	xiè huò
transport (het)	运输	yùn shū
transportbedrijf (de)	运输公司	yùn shū gōngsī
transporteren (ww)	运送	yùn sòng
goederenwagon (de)	货运车厢	huò yùn chē xiāng
tank (bijv. ketelwagen)	储水箱	chǔ shuǐ xiāng
vrachtwagen (de)	卡车	kǎ chē
machine (de)	机床	jī chuáng
mechanisme (het)	机械	jī xiè
industrieel afval (het)	工业废物	gōng yè fèi wù
verpakking (de)	包装	bāo zhuāng
verpakken (ww)	包装	bāo zhuāng

73. Contract. Overeenstemming.

contract (het)	合同	hé tong
overeenkomst (de)	协议	xié yì
bijlage (de)	合同附件	hétong fù jiàn
een contract sluiten	签订合同	qiāndìng hétong
handtekening (de)	签名	qiān míng
ondertekenen (ww)	签名	qiān míng
stempel (de)	印章	yìn zhāng
voorwerp (het) van de overeenkomst	合同主题	hétong zhǔtí
clausule (de)	条款	tiáo kuǎn
partijen (mv.)	双方	shuāng fāng
vestigingsadres (het)	法定地址	fǎ dìng dì zhǐ
het contract verbreken (overtreden)	违约	wéi yuē
verplichting (de)	义务	yì wù

verantwoordelijkheid (de)	责任	zé rèn
overmacht (de)	不可抗力	bù kě kàn glì
geschil (het)	争论	zhēng lùn
sancties (mv.)	罚款制裁	fákuǎn zhìcái

74. Import & Export

import (de)	进口	jìn kǒu
importeur (de)	进口商	jìn kǒu shāng
importeren (ww)	进口	jìn kǒu
import- (abn)	进口的	jìn kǒu de
exporteur (de)	出口商	chū kǒu shāng
exporteren (ww)	出口	chū kǒu
goederen (mv.)	商品	shāng pǐn
partij (de)	一批	yī pī
gewicht (het)	重量	zhòng liàng
volume (het)	体积	tǐ jī
kubieke meter (de)	立方米	lì fāng mǐ
producent (de)	生产商	shēng chǎn shāng
transportbedrijf (de)	运输公司	yùn shū gōngsī
container (de)	集装箱	jí zhuāng xiāng
grens (de)	边界	biān jiè
douane (de)	海关	hǎi guān
douanerecht (het)	关税	guān shuì
douanier (de)	海关人员	hǎi guān rényuán
smokkelen (het)	走私	zǒu sī
smokkelwaar (de)	禁运品	jìn yùn pǐn

75. Financiën

aandeel (het)	股票	gǔ piào
obligatie (de)	债券	zhài quàn
wissel (de)	汇票	huì piào
beurs (de)	证券交易所	zhèng quàn jiāo yì suǒ
aandelenkoers (de)	股票行市	gǔpiào hángshì
dalen (ww)	落价	luò jià
stijgen (ww)	涨价	zhǎng jià
deel (het)	股份	gǔ fèn
meerderheidsbelang (het)	多数股权	duō shù gǔ quán
investeringen (mv.)	投资	tóu zī
investeren (ww)	投资	tóu zī
procent (het)	百分比	bǎi fēn bǐ
rente (de)	利息	lì xī

winst (de)	利润	lì rùn
winstgevend (bn)	盈利的	yíng lì de
belasting (de)	税, 税款	shuì, shuì kuǎn
valuta (vreemde ~)	货币	huò bì
nationaal (bn)	国家, 国民	guó jiā, guó mín
ruil (de)	兑换	duì huàn
boekhouder (de)	会计员	kuài jì yuán
boekhouding (de)	会计部	kuài jì bù
bankroet (het)	破产	pò chǎn
ondergang (de)	倒闭	dǎo bì
faillissement (het)	破产	pò chǎn
geruïneerd zijn (ww)	破产	pò chǎn
inflatie (de)	通货膨胀	tōng huò péng zhàng
devaluatie (de)	货币贬值	huòbì biǎnzhí
kapitaal (het)	资本	zī běn
inkomen (het)	收益	shōu yì
omzet (de)	营业额	yíng yè é
middelen (mv.)	资源	zī yuán
financiële middelen (mv.)	货币资金	huò bì zī jīn
reduceren (kosten ~)	减少	jiǎn shǎo

76. Marketing

marketing (de)	营销	yíng xiāo
markt (de)	市场	shì chǎng
marktsegment (het)	细分市场	xì fēn shì chǎng
product (het)	产品	chǎn pǐn
goederen (mv.)	商品	shāng pǐn
handelsmerk (het)	商标	shāng biāo
beeldmerk (het)	标志	biāo zhì
logo (het)	标志	biāo zhì
vraag (de)	需求	xū qiú
aanbod (het)	供给	gōng jǐ
behoefte (de)	需要	xū yào
consument (de)	消费者	xiāo fèi zhě
analyse (de)	分析	fēn xī
analyseren (ww)	分析	fēn xī
positionering (de)	定位	dìng wèi
positioneren (ww)	定位	dìng wèi
prijs (de)	价, 价钱	jià, jià qian
prijspolitiek (de)	定价政策	dìng jià zhèng cè
prijsvorming (de)	定价	dìng jià

77. Reclame

reclame (de)	广告	guǎng gào
adverteren (ww)	为 … 做广告	wéi … zuò guǎnggào
budget (het)	预算	yù suàn
advertentie, reclame (de)	广告	guǎng gào
TV-reclame (de)	电视广告	diànshì guǎnggào
radioreclame (de)	广播广告	guǎngbō guǎnggào
buitenreclame (de)	室外广告	shìwài guǎnggào
massamedia (de)	大众媒体	dà zhòng méi tǐ
periodiek (de)	期刊	qī kān
imago (het)	形象	xíng xiàng
slagzin (de)	口号	kǒu hào
motto (het)	座石铭	zuò shí míng
campagne (de)	运动	yùn dòng
reclamecampagne (de)	广告运动	guǎng gào yùn dòng
doelpubliek (het)	目标群	mù biāo qún
visitekaartje (het)	名片	míng piàn
flyer (de)	传单	chuán dān
brochure (de)	小册子	xiǎo cè zi
folder (de)	小册子	xiǎo cè zi
nieuwsbrief (de)	简报	jiǎn bào
gevelreclame (de)	招牌	zhāo pái
poster (de)	招贴画	zhāo tiē huà
aanplakbord (het)	广告牌	guǎnggào pái

78. Bankieren

bank (de)	银行	yín háng
bankfiliaal (het)	分支机构	fēn zhī jī gòu
bankbediende (de)	顾问	gù wèn
manager (de)	主管人	zhǔ guǎn rén
bankrekening (de)	账户	zhànghù
rekeningnummer (het)	账号	zhàng hào
lopende rekening (de)	活期帐户	huó qī zhànghù
spaarrekening (de)	储蓄账户	chǔ xù zhànghù
een rekening openen	开立账户	kāilì zhànghù
de rekening sluiten	关闭 帐户	guān bì zhànghù
op rekening storten	存入帐户	cúnrù zhànghù
opnemen (ww)	提取	tí qǔ
storting (de)	存款	cún kuǎn
een storting maken	存款	cún kuǎn
overschrijving (de)	汇款	huì kuǎn

een overschrijving maken	汇款	huì kuǎn
som (de)	金额	jīn é
Hoeveel?	多少钱?	duōshao qián?
handtekening (de)	签名	qiān míng
ondertekenen (ww)	签名	qiān míng
kredietkaart (de)	信用卡	xìn yòng kǎ
code (de)	密码	mì mǎ
kredietkaartnummer (het)	信用卡号码	xìn yòng kǎ hào mǎ
geldautomaat (de)	自动取款机	zì dòng qǔ kuǎn jī
cheque (de)	支票	zhī piào
een cheque uitschrijven	开支票	kāi zhī piào
chequeboekje (het)	支票本	zhīpiào běn
lening, krediet (de)	贷款	dàikuǎn
een lening aanvragen	借款	jiè kuǎn
een lening nemen	取得贷款	qǔ dé dàikuǎn
een lening verlenen	贷款给 ···	dàikuǎn gěi ...
garantie (de)	保证	bǎo zhèng

79. Telefoon. Telefoongesprek

telefoon (de)	电话	diàn huà
mobieltje (het)	手机	shǒu jī
antwoordapparaat (het)	答录机	dā lù jī
bellen (ww)	打电话	dǎ diàn huà
belletje (telefoontje)	电话	diàn huà
een nummer draaien	拨号码	bō hào mǎ
Hallo!	喂!	wèi!
vragen (ww)	问	wèn
antwoorden (ww)	接电话	jiē diàn huà
horen (ww)	听见	tīng jiàn
goed (bw)	好	hǎo
slecht (bw)	不好	bù hǎo
storingen (mv.)	干扰声	gān rǎo shēng
hoorn (de)	听筒	tīng tǒng
opnemen (ww)	接听	jiē tīng
ophangen (ww)	挂断	guà duàn
bezet (bn)	占线的	zhàn xiàn de
overgaan (ww)	响	xiǎng
telefoonboek (het)	电话薄	diàn huà bù
lokaal (bn)	本地的	běn dì de
interlokaal (bn)	长途	cháng tú
buitenlands (bn)	国际的	guó jì de

80. Mobiele telefoon

mobieltje (het)	手机	shǒu jī
scherm (het)	显示器	xiǎn shì qì
toets, knop (de)	按钮	àn niǔ
simkaart (de)	SIM 卡	sim kǎ
batterij (de)	电池	diàn chí
leeg zijn (ww)	没电	méi diàn
acculader (de)	充电器	chōng diàn qì
menu (het)	菜单	cài dān
instellingen (mv.)	设置	shè zhì
melodie (beltoon)	曲调	qǔ diào
selecteren (ww)	挑选	tiāo xuǎn
rekenmachine (de)	计算器	jì suàn qì
voicemail (de)	答录机	dā lù jī
wekker (de)	闹钟	nào zhōng
contacten (mv.)	电话薄	diàn huà bù
SMS-bericht (het)	短信	duǎn xìn
abonnee (de)	用户	yòng hù

81. Schrijfbehoeften

balpen (de)	圆珠笔	yuán zhū bǐ
vulpen (de)	钢笔	gāng bǐ
potlood (het)	铅笔	qiān bǐ
marker (de)	荧光笔	yíng guāng bǐ
viltstift (de)	水彩笔	shuǐ cǎi bǐ
notitieboekje (het)	记事簿	jì shì bù
agenda (boekje)	日记本	rì jì běn
liniaal (de/het)	直尺	zhí chǐ
rekenmachine (de)	计算器	jì suàn qì
gom (de)	橡皮擦	xiàng pí cā
punaise (de)	图钉	tú dīng
paperclip (de)	回形针	huí xíng zhēn
lijm (de)	胶水	jiāo shuǐ
nietmachine (de)	钉书机	dīng shū jī
perforator (de)	打孔机	dǎ kǒng jī
potloodslijper (de)	卷笔刀	juǎn bǐ dāo

82. Soorten bedrijven

boekhouddiensten (mv.)	会计服务	kuài jì fú wù
reclame (de)	广告	guǎng gào

reclamebureau (het)	广告公司	guǎnggào gōngsī
airconditioning (de)	空调	kōng tiáo
luchtvaartmaatschappij (de)	航空公司	hángkōng gōngsī
alcoholische dranken (mv.)	含酒精饮料	hánjiǔjīng yǐnliào
antiek (het)	古董	gǔ dǒng
kunstgalerie (de)	画廊，艺廊	huà láng, yì láng
audit diensten (mv.)	审计服务	shěn jì fú wù
banken (mv.)	商业银行	shāng yè yín háng
bar (de)	酒吧	jiǔ bā
schoonheidssalon (de/het)	美容院	měi róng yuàn
boekhandel (de)	书店	shū diàn
bierbrouwerij (de)	啤酒厂	pí jiǔ chǎng
zakencentrum (het)	商业中心	shāngyè zhōngxīn
business school (de)	商业学校	shāngyè xuéxiào
casino (het)	赌场	dǔ chǎng
bouwbedrijven (mv.)	建筑，建造	jiàn zhù, jiàn zào
adviesbureau (het)	咨询业	zī xún yè
tandheelkunde (de)	牙科医术	yá kē yī shù
design (het)	设计	shè jì
apotheek (de)	药房	yào fáng
stomerij (de)	干洗店	gān xǐ diàn
uitzendbureau (het)	职业介绍所	zhí yè jiè shào suǒ
financiële diensten (mv.)	金融服务	jīn róng fú wù
voedingswaren (mv.)	食品	shí pǐn
uitvaartcentrum (het)	殡仪馆	bìn yí guǎn
meubilair (het)	家具	jiā jù
kleding (de)	服装	fú zhuāng
hotel (het)	酒店	jiǔ diàn
IJsje (het)	冰淇淋	bīng qí lín
industrie (de)	工业	gōng yè
verzekering (de)	保险	bǎo xiǎn
Internet (het)	因特网	yīn tè wǎng
investeringen (mv.)	投资	tóu zī
juwelier (de)	珠宝商	zhū bǎo shāng
juwelen (mv.)	珠宝	zhū bǎo
wasserette (de)	洗衣店	xǐ yī diàn
juridische diensten (mv.)	法律顾问	fǎ lǜ gù wèn
lichte industrie (de)	轻工业	qīng gōng yè
tijdschrift (het)	杂志	zá zhì
postorderbedrijven (mv.)	邮购销售	yóugòu xiāoshòu
medicijnen (mv.)	医学	yī xué
bioscoop (de)	电影院	diànyǐng yuàn
museum (het)	博物馆	bó wù guǎn
persbureau (het)	新闻社	xīn wén shè
krant (de)	报纸	bào zhǐ
nachtclub (de)	夜总会	yè zǒng huì
olie (aardolie)	石油	shí yóu

koerierdienst (de)	快递公司	kuài dì gōng sī
geneesmiddelen (mv.)	药物工业	yào wù gōng yè
drukkerij (de)	印刷工业	yìn shuā gōng yè
uitgeverij (de)	出版社	chū bǎn shè
radio (de)	广播	guǎng bō
vastgoed (het)	房地产	fáng dì chǎn
restaurant (het)	饭馆	fàn guǎn
bewakingsfirma (de)	安保公司	ān bǎo gōng sī
sport (de)	运动	yùn dòng
handelsbeurs (de)	证券交易所	zhèng quàn jiāo yì suǒ
winkel (de)	商店	shāng diàn
supermarkt (de)	超市	chāo shì
zwembad (het)	游泳池	yóu yǒng chí
naaiatelier (het)	裁缝店	cái féng diàn
televisie (de)	电视	diàn shì
theater (het)	剧院	jù yuàn
handel (de)	商业	shāng yè
transport (het)	运输	yùn shū
toerisme (het)	旅游业	lǚ yóu yè
dierenarts (de)	兽医	shòu yī
magazijn (het)	仓库	cāng kù
afvalinzameling (de)	垃圾运输	lājī yùnshū

Baan. Business. Deel 2

83. Show. Tentoonstelling

beurs (de)	贸易展览会	mào yì zhǎn lǎn huì
vakbeurs, handelsbeurs (de)	展览会	zhǎn lǎn huì
deelneming (de)	参与	cān yù
deelnemen (ww)	参与	cān yù
deelnemer (de)	参展者	cān zhǎn zhě
directeur (de)	经理	jīng lǐ
organisatiecomité (het)	组委会	zǔ wěi huì
organisator (de)	组委会	zǔ wěi huì
organiseren (ww)	组织	zǔ zhī
deelnemingsaanvraag (de)	参展申请表	cān zhǎn shēn qǐng biǎo
invullen (een formulier ~)	填报	tián bào
details (mv.)	细节	xì jié
informatie (de)	消息	xiāo xi
prijs (de)	价格	jià gé
inclusief (bijv. ~ BTW)	包括	bāo kuò
inbegrepen (alles ~)	包含	bāo hán
betalen (ww)	付, 支付	fù, zhī fù
registratietarief (het)	登记费	dēng jì fèi
ingang (de)	入口	rù kǒu
paviljoen (het), hal (de)	展馆, 展厅	zhǎn guǎn, zhǎn tīng
registreren (ww)	登记	dēng jì
badge, kaart (de)	身份证	shēn fèn zhèng
beursstand (de)	展览台	zhǎn lǎn tái
reserveren (een stand ~)	预订	yù dìng
vitrine (de)	展示柜	zhǎn shì guì
licht (het)	展台灯	zhǎn tái dēng
design (het)	设计	shè jì
plaatsen (ww)	放置	fàng zhì
distributeur (de)	经销商	jīng xiāo shāng
leverancier (de)	供应商	gōng yìng shāng
land (het)	国家	guó jiā
buitenlands (bn)	外国的	wài guó de
product (het)	产品	chǎn pǐn
associatie (de)	社团	shè tuán
conferentiezaal (de)	会议室	huì yì shì
congres (het)	代表大会	dài biǎo dà huì

bezoeker (de)	参观者	cān guān zhě
bezoeken (ww)	参观	cān guān
afnemer (de)	顾客	gù kè

84. Wetenschap. Onderzoek. Wetenschappers

wetenschap (de)	科学	kē xué
wetenschappelijk (bn)	科学的	kē xué de
wetenschapper (de)	科学家	kē xué jiā
theorie (de)	理论	lǐ lùn
axioma (het)	公理	gōnglǐ
analyse (de)	分析	fēn xī
analyseren (ww)	分析	fēn xī
argument (het)	论据	lùnjù
substantie (de)	物质	wù zhì
hypothese (de)	假设	jiǎ shè
dilemma (het)	两难推理	liǎng nántuīlǐ
dissertatie (de)	学位论文	xuéwèi lùnwén
dogma (het)	教条	jiào tiáo
doctrine (de)	学说	xué shuō
onderzoek (het)	研究	yán jiū
onderzoeken (ww)	研究	yán jiū
toetsing (de)	检验	jiǎn yàn
laboratorium (het)	实验室	shí yàn shì
methode (de)	方法	fāng fǎ
molecule (de/het)	分子	fèn zǐ
monitoring (de)	监测	jiān cè
ontdekking (de)	发现	fā xiàn
postulaat (het)	公设	gōng shè
principe (het)	原则	yuán zé
voorspelling (de)	预报	yù bào
een prognose maken	预报	yù bào
synthese (de)	综合	zōng hé
tendentie (de)	趋势	qū shì
theorema (het)	定理	dìng lǐ
leerstellingen (mv.)	学说	xué shuō
feit (het)	事实	shì shí
experiment (het)	实验	shí yàn
academicus (de)	院士	yuàn shì
bachelor (bijv. BA, LLB)	学士	xué shì
doctor (de)	博士	bó shì
universitair docent (de)	副教授	fù jiào shòu
master, magister (de)	硕士	shuò shì
professor (de)	教授	jiào shòu

Beroepen en ambachten

85. Zoeken naar werk. Ontslag

baan (de)	工作	gōng zuò
personeel (het)	人员	rényuán
carrière (de)	职业	zhí yè
vooruitzichten (mv.)	前途	qián tú
meesterschap (het)	技能	jì néng
keuze (de)	挑选	tiāo xuǎn
uitzendbureau (het)	职业介绍所	zhí yè jiè shào suǒ
CV, curriculum vitae (de)	简历	jiǎn lì
sollicitatiegesprek (het)	面试	miàn shì
vacature (de)	空缺	kòng quē
salaris (het)	薪水	xīn shuǐ
vaste salaris (het)	固定薪水	gǔdìng xīnshuǐ
loon (het)	报酬	bào chóu
betrekking (de)	职务	zhí wù
taak, plicht (de)	职责	zhí zé
takenpakket (het)	职责	zhí zé
bezig (~ zijn)	忙	máng
ontslagen (ww)	解雇	jiě gù
ontslag (het)	辞退	cí tuì
werkloosheid (de)	失业	shī yè
werkloze (de)	失业者	shī yè zhě
pensioen (het)	退休	tuì xiū
met pensioen gaan	退休	tuì xiū

86. Zakenmensen

directeur (de)	经理	jīng lǐ
beheerder (de)	主管人	zhǔ guǎn rén
hoofd (het)	老板	lǎo bǎn
baas (de)	上级	shàng jí
superieuren (mv.)	管理层	guǎn lǐ céng
president (de)	总裁	zǒng cái
voorzitter (de)	主席	zhǔxí
adjunct (de)	副手	fù shǒu
assistent (de)	助手	zhù shǒu
secretaris (de)	秘书	mì shū

persoonlijke assistent (de)	私人秘书	sīrén mìshū
zakenman (de)	商人	shāng rén
ondernemer (de)	企业家	qǐ yè jiā
oprichter (de)	创始人	chuàng shǐ rén
oprichten (een nieuw bedrijf ~)	创始	chuàng shǐ
stichter (de)	合伙员	hé huǒ yuán
partner (de)	合伙人	hé huǒ rén
aandeelhouder (de)	股东	gǔ dōng
miljonair (de)	百万富翁	bǎiwàn fùwēng
miljardair (de)	亿万富翁	yìwàn fùwēng
eigenaar (de)	业主	yè zhǔ
landeigenaar (de)	地主	dì zhǔ
klant (de)	客户	kèhù
vaste klant (de)	长期客户	chángqī kèhù
koper (de)	顾客	gù kè
bezoeker (de)	参观者	cān guān zhě
professioneel (de)	专家	zhuān jiā
expert (de)	行家，专家	háng jiā, zhuān jiā
specialist (de)	专家	zhuān jiā
bankier (de)	银行家	yín háng jiā
makelaar (de)	经纪人	jīng jì rén
kassier (de)	收款员	shōu kuǎn yuán
boekhouder (de)	会计员	kuài jì yuán
bewaker (de)	安保员	ān bǎo yuán
investeerder (de)	投资者	tóu zī zhě
schuldenaar (de)	债务人	zhài wù rén
crediteur (de)	债权人	zhài quán rén
lener (de)	借款人	jiè kuǎn rén
importeur (de)	进口者	jìn kǒu zhě
exporteur (de)	出口厂商	chū kǒu chǎng shāng
producent (de)	生产商	shēng chǎn shāng
distributeur (de)	经销商	jīng xiāo shāng
bemiddelaar (de)	中间人	zhōng jiān rén
adviseur, consulent (de)	咨询顾问	zīxún gùwèn
vertegenwoordiger (de)	代表	dài biǎo
agent (de)	代理人	dài lǐ rén
verzekeringsagent (de)	保险代理人	bǎo xiǎn dài lǐ rén

87. Dienstverlenende beroepen

kok (de)	厨师	chúshī
chef-kok (de)	高级厨师	gāojí chúshī
bakker (de)	面包师	miànbāo shī

barman (de)	酒保	jiǔ bǎo
kelner, ober (de)	服务员	fú wù yuán
serveerster (de)	女服务员	nǚ fú wù yuán
advocaat (de)	辩护人	biàn hù rén
jurist (de)	律师	lǜ shī
notaris (de)	公证人	gōng zhèng rén
elektricien (de)	电工	diàn gōng
loodgieter (de)	水管工	shuǐ guǎn gōng
timmerman (de)	木匠	mù jiàng
masseur (de)	男按摩师	nán ànmóshī
masseuse (de)	女按摩师	nǚ ànmóshī
dokter, arts (de)	医生	yīshēng
taxichauffeur (de)	出租车司机	chūzūchē sī jī
chauffeur (de)	司机	sī jī
koerier (de)	快递员	kuài dì yuán
kamermeisje (het)	女服务员	nǚ fú wù yuán
bewaker (de)	安保员	ān bǎo yuán
stewardess (de)	空姐	kōng jiě
meester (de)	老师	lǎo shī
bibliothecaris (de)	图书馆员	tú shū guǎn yuán
vertaler (de)	翻译, 译者	fān yì, yì zhě
tolk (de)	口译者	kǒu yì zhě
gids (de)	导游	dǎo yóu
kapper (de)	理发师	lǐ fà shī
postbode (de)	邮递员	yóu dì yuán
verkoper (de)	售货员	shòu huò yuán
tuinman (de)	花匠	huā jiàng
huisbediende (de)	仆人	pú rén
dienstmeisje (het)	女仆	nǚ pú
schoonmaakster (de)	清洁女工	qīng jié nǚ gōng

88. Militaire beroepen en rangen

soldaat (rang)	士兵, 列兵	shìbīng, lièbīng
sergeant (de)	中士	zhōng shì
luitenant (de)	中尉	zhōng wèi
kapitein (de)	上尉	shàng wèi
majoor (de)	少校	shào xiào
kolonel (de)	上校	shàng xiào
generaal (de)	将军	jiāng jūn
maarschalk (de)	元帅	yuán shuài
admiraal (de)	海军上将	hǎi jūn shàng jiàng
militair (de)	军人	jūn rén
soldaat (de)	士兵	shì bīng

officier (de)	军官	jūn guān
commandant (de)	指挥员	zhǐhuī yuán
grenswachter (de)	边界守卫	biān jiè shǒu wèi
marconist (de)	无线电员	wúxiàndiàn yuán
verkenner (de)	侦察兵	zhēn chá bīng
sappeur (de)	工兵	gōng bīng
schutter (de)	神射手	shén shè shǒu
stuurman (de)	领航员	lǐng háng yuán

89. Ambtenaren. Priesters

koning (de)	国王	guó wáng
koningin (de)	王后，女王	wáng hòu, nǚ wáng
prins (de)	王子	wáng zǐ
prinses (de)	公主	gōng zhǔ
tsaar (de)	沙皇	shā huáng
tsarina (de)	沙皇皇后	shā huáng huáng hòu
president (de)	总统	zǒng tǒng
minister (de)	部长	bù zhǎng
eerste minister (de)	总理	zǒng lǐ
senator (de)	参议院	cān yì yuàn
diplomaat (de)	外交官	wài jiāo guān
consul (de)	领事	lǐng shì
ambassadeur (de)	大使	dàshǐ
adviseur (de)	顾问	gù wèn
ambtenaar (de)	官员	guān yuán
prefect (de)	长官	zhǎng guān
burgemeester (de)	市长	shì zhǎng
rechter (de)	法官	fǎ guān
aanklager (de)	公诉人	gōng sù rén
missionaris (de)	传教士	chuán jiào shì
monnik (de)	僧侣，修道士	sēng lǚ, xiū dào shì
abt (de)	男修道院院长	nán xiūdàoyuàn yuànzhǎng
rabbi, rabbijn (de)	拉比	lā bǐ
vizier (de)	维齐尔	wéi qí ěr
sjah (de)	沙阿	shā ē
sjeik (de)	族长	zú zhǎng

90. Agrarische beroepen

imker (de)	养蜂人	yǎngfēng rén
herder (de)	牧人	mù rén
landbouwkundige (de)	农学家	nóng xuéjiā

veehouder (de)	饲养者	sì yǎng zhě
dierenarts (de)	兽医	shòu yī
landbouwer (de)	农场主	nóng chǎng zhǔ
wijnmaker (de)	酒商	jiǔ shāng
zoöloog (de)	动物学家	dòng wù xuéjiā
cowboy (de)	牛仔	niú zǎi

91. Kunst beroepen

acteur (de)	演员	yǎnyuán
actrice (de)	女演员	nǚ yǎnyuán
zanger (de)	歌手	gē shǒu
zangeres (de)	女歌手	nǚ gē shǒu
danser (de)	舞蹈家	wǔ dǎo jiā
danseres (de)	女舞蹈家	nǚ wǔ dǎo jiā
artiest (mann.)	演员	yǎnyuán
artiest (vrouw.)	女演员	nǚ yǎnyuán
muzikant (de)	音乐家	yīn yuè jiā
pianist (de)	钢琴家	gāng qín jiā
gitarist (de)	吉他手	jí tā shǒu
orkestdirigent (de)	指挥	zhǐ huī
componist (de)	作曲家	zuò qū jiā
impresario (de)	经理人	jīng lǐ rén
filmregisseur (de)	导演	dǎo yǎn
filmproducent (de)	制片人	zhì piàn rén
scenarioschrijver (de)	编剧	biān jù
criticus (de)	评论家	píng lùn jiā
schrijver (de)	作家	zuò jiā
dichter (de)	诗人	shī rén
beeldhouwer (de)	雕塑家	diāo sù jiā
kunstenaar (de)	画家	huà jiā
jongleur (de)	变戏法者	biàn xì fǎ zhě
clown (de)	小丑	xiǎo chǒu
acrobaat (de)	杂技演员	zájì yǎnyuán
goochelaar (de)	魔术师	mó shù shī

92. Verschillende beroepen

dokter, arts (de)	医生	yīshēng
ziekenzuster (de)	护士	hù shi
psychiater (de)	精神病医生	jīng shén bìng yīshēng
tandarts (de)	牙科医生	yá kē yīshēng
chirurg (de)	外科医生	wài kē yīshēng

astronaut (de)	宇航员	yǔ háng yuán
astronoom (de)	天文学家	tiānwén xuéjiā
piloot (de)	飞行员	fēi xíng yuán
chauffeur (de)	驾驶员	jiàshǐ yuán
machinist (de)	火车司机	huǒ chē sī jī
mecanicien (de)	机修工	jī xiū gōng
mijnwerker (de)	矿工	kuàng gōng
arbeider (de)	工人	gōng rén
bankwerker (de)	钳工	qián gōng
houtbewerker (de)	细木工	xì mù gōng
draaier (de)	车工	chē gōng
bouwvakker (de)	建筑工人	jiànzhù gōngrén
lasser (de)	焊接工	hàn jiē gōng
professor (de)	教授	jiào shòu
architect (de)	建筑师	jiànzhù shī
historicus (de)	历史学家	lì shǐ xué jiā
wetenschapper (de)	科学家	kē xué jiā
fysicus (de)	物理学家	wù lǐ xué jiā
scheikundige (de)	化学家	huà xué jiā
archeoloog (de)	考古学家	kǎo gǔ xué jiā
geoloog (de)	地质学家	dì zhì xué jiā
onderzoeker (de)	研究者	yán jiū zhě
babysitter (de)	临时保姆	línshí bǎomǔ
leraar, pedagoog (de)	教师	jiào shī
redacteur (de)	编辑	biān jí
chef-redacteur (de)	总编辑	zǒng biān jí
correspondent (de)	记者	jì zhě
typiste (de)	打字员	dǎ zì yuán
designer (de)	设计师	shè jì shī
computerexpert (de)	电脑专家	diàn nǎo zhuān jiā
programmeur (de)	程序员	chéng xù yuán
ingenieur (de)	工程师	gōng chéng shī
matroos (de)	水手	shuǐ shǒu
zeeman (de)	海员	hǎi yuán
redder (de)	救援者	jiù yuán zhě
brandweerman (de)	消防队员	xiāofáng duìyuán
politieagent (de)	警察	jǐng chá
nachtwaker (de)	看守人	kān shǒu rén
detective (de)	侦探	zhēn tàn
douanier (de)	海关人员	hǎi guān rényuán
lijfwacht (de)	保镖	bǎo biāo
gevangenisbewaker (de)	狱警	yù jǐng
inspecteur (de)	检察员	jiǎn chá yuán
sportman (de)	运动员	yùndòng yuán
trainer (de)	教练	jiào liàn

slager, beenhouwer (de)	屠夫	túfū
schoenlapper (de)	鞋匠	xié jiàng
handelaar (de)	商人	shāng rén
lader (de)	装货人	zhuāng huò rén
kledingstilist (de)	时装设计师	shízhuāng shèjìshī
model (het)	模特儿	mó tè er

93. Beroepen. Sociale status

scholier (de)	男学生	nán xué sheng
student (de)	大学生	dà xué shēng
filosoof (de)	哲学家	zhé xué jiā
econoom (de)	经济学家	jīng jì xué jiā
uitvinder (de)	发明者	fā míng zhě
werkloze (de)	失业者	shī yè zhě
gepensioneerde (de)	退休人员	tuì xiū rén yuán
spion (de)	间谍	jiàn dié
gedetineerde (de)	犯人，囚犯	fàn rén, qiú fàn
staker (de)	罢工者	bà gōng zhě
bureaucraat (de)	官僚主义者	guān liáo zhǔ yì zhě
reiziger (de)	旅行者	lǚ xíng zhě
homoseksueel (de)	同性恋者	tóng xìng liàn zhě
hacker (computerkraker)	黑客	hēi kè
bandiet (de)	匪徒	fěi tú
huurmoordenaar (de)	雇佣杀手	gù yōng shā shǒu
drugsverslaafde (de)	吸毒者	xī dú zhě
drugshandelaar (de)	毒贩子	dú fàn zi
prostituee (de)	卖淫者，妓女	mài yín zhě, jì nǚ
pooier (de)	皮条客	pí tiáo kè
tovenaar (de)	巫师	wū shī
tovenares (de)	女巫师	nǚ wū shī
piraat (de)	海盗	hǎi dào
slaaf (de)	奴隶	nú lì
samoerai (de)	武士	wǔ shì
wilde (de)	野蛮人	yě mán rén

Onderwijs

94. School

school (de)	学校	xué xiào
schooldirecteur (de)	校长	xiào zhǎng
scholier (de)	男学生	nán xué sheng
scholiere (de)	女学生	nǚ xué sheng
leren (lesgeven)	教	jiào
studeren (bijv. een taal ~)	学，学习	xué, xué xí
van buiten leren	记住	jì zhù
leren (bijv. ~ tellen)	学习	xué xí
in school zijn (schooljongen zijn)	上学	shàng xué
naar school gaan	去学校	qù xué xiào
alfabet (het)	字母表	zì mǔ biǎo
vak (schoolvak)	课程	kè chéng
klaslokaal (het)	教室	jiào shì
les (de)	一堂课	yī táng kè
pauze (de)	课间休息	kè jiān xiū xi
bel (de)	铃	líng
schooltafel (de)	课桌	kè zhuō
schoolbord (het)	黑板	hēi bǎn
cijfer (het)	分数	fēnshù
goed cijfer (het)	好分数	hǎo fēnshù
slecht cijfer (het)	不好分数	bù hǎo fēnshù
een cijfer geven	打分数	dǎ fēnshù
fout (de)	错误	cuò wù
fouten maken	犯错	fàn cuò
corrigeren (fouten ~)	改错	gǎi cuò
spiekbriefje (het)	小抄	xiāo chāo
huiswerk (het)	家庭作业	jiā tíng zuò yè
oefening (de)	练习	liàn xí
aanwezig zijn (ww)	出席	chū xí
absent zijn (ww)	缺席	quē xí
bestraffen (een stout kind ~)	惩罚	chéng fá
bestraffing (de)	惩罚	chéng fá
gedrag (het)	行为，举止	xíng wéi, jǔ zhǐ
cijferlijst (de)	成绩单	chéng jì dān
potlood (het)	铅笔	qiān bǐ

gom (de)	橡皮擦	xiàng pí cā
krijt (het)	粉笔	fěnbǐ
pennendoos (de)	铅笔盒	qiān bǐ hé
boekentas (de)	书包	shū bāo
pen (de)	钢笔	gāng bǐ
schrift (de)	练习簿	liàn xí bù
leerboek (het)	课本	kè běn
passer (de)	圆规	yuáng uī
technisch tekenen (ww)	画	huà
technische tekening (de)	工程图	gōng chéng tú
gedicht (het)	诗	shī
van buiten (bw)	凭记性	píng jì xìng
van buiten leren	记住	jì zhù
vakantie (de)	学校假期	xué xiào jià qī
met vakantie zijn	放假	fàng jià
toets (schriftelijke ~)	测试，考试	cè shì, kǎo shì
opstel (het)	作文	zuò wén
dictee (het)	听写	tīng xiě
examen (het)	考试	kǎo shì
examen afleggen	参加考试	cān jiā kǎo shì
experiment (het)	实验	shí yàn

95. Hogeschool. Universiteit

academie (de)	学院	xué yuàn
universiteit (de)	大学	dà xué
faculteit (de)	系	xì
student (de)	大学生	dà xué shēng
studente (de)	大学生	dà xué shēng
leraar (de)	讲师	jiǎng shī
collegezaal (de)	讲堂	jiǎng táng
afgestudeerde (de)	毕业生	bì yè shēng
diploma (het)	毕业证	bì yè zhèng
dissertatie (de)	学位论文	xuéwèi lùnwén
onderzoek (het)	研究报告	yán jiū bào gào
laboratorium (het)	实验室	shí yàn shì
college (het)	讲课	jiǎng kè
medestudent (de)	同学	tóng xué
studiebeurs (de)	奖学金	jiǎng xué jīn
academische graad (de)	学位	xué wèi

96. Wetenschappen. Disciplines

wiskunde (de)	数学	shù xué
algebra (de)	代数学	dài shù xué

meetkunde (de)	几何学	jǐ hé xué
astronomie (de)	天文学	tiān wén xué
biologie (de)	生物学	shēng wù xué
geografie (de)	地理学	dì lǐ xué
geologie (de)	地质学	dì zhì xué
geschiedenis (de)	历史学	lìshǐ xué
geneeskunde (de)	医学	yī xué
pedagogiek (de)	教育学	jiàoyù xué
rechten (mv.)	法学	fǎ xué
fysica, natuurkunde (de)	物理学	wù lǐ xué
scheikunde (de)	化学	huà xué
filosofie (de)	哲学	zhé xué
psychologie (de)	心理学	xīn lǐ xué

97. Schrift. Spelling

grammatica (de)	语法	yǔ fǎ
vocabulaire (het)	词汇	cí huì
fonetiek (de)	语音学	yǔ yīn xué
zelfstandig naamwoord (het)	名词	míng cí
bijvoeglijk naamwoord (het)	形容词	xíng róng cí
werkwoord (het)	动词	dòng cí
bijwoord (het)	副词	fùcí
voornaamwoord (het)	代词	dài cí
tussenwerpsel (het)	感叹词	gǎn tàn cí
voorzetsel (het)	介词	jiè cí
stam (de)	词根	cí gēn
achtervoegsel (het)	词尾	cí wěi
voorvoegsel (het)	前缀	qián zhuì
lettergreep (de)	音节	yīn jié
achtervoegsel (het)	后缀	hòu zhuì
nadruk (de)	重音	zhòng yīn
afkappingsteken (het)	撇号	piē hào
punt (de)	点	diǎn
komma (de/het)	逗号	dòu hào
puntkomma (de)	分号	fēn hào
dubbelpunt (de)	冒号	mào hào
beletselteken (het)	省略号	shěng lüè hào
vraagteken (het)	问号	wèn hào
uitroepteken (het)	感叹号	gǎn tàn hào
aanhalingstekens (mv.)	引号	yǐn hào
tussen aanhalingstekens (bw)	在引号	zài yǐn hào
haakjes (mv.)	括号	kuò hào
tussen haakjes (bw)	在圆括号	zài yuán kuò hào
streepje (het)	连字符	lián zì fú

gedachtestreepje (het)	破折号	pò zhé hào
spatie	空白	kòng bái
(~ tussen twee woorden)		
letter (de)	字母	zì mǔ
hoofdletter (de)	大写字母	dà xiě zì mǔ
klinker (de)	元音	yuán yīn
medeklinker (de)	辅音	fǔyīn
zin (de)	句子	jù zi
onderwerp (het)	主语	zhǔ yǔ
gezegde (het)	谓语	wèi yǔ
regel (in een tekst)	行	háng
op een nieuwe regel (bw)	另起一行	lìng qǐ yī xíng
alinea (de)	段, 段落	duàn, duàn luò
woord (het)	字, 单词	zì, dāncí
woordgroep (de)	词组	cí zǔ
uitdrukking (de)	短语	duǎn yǔ
synoniem (het)	同义词	tóng yì cí
antoniem (het)	反义词	fǎn yì cí
regel (de)	规则	guī zé
uitzondering (de)	例外	lì wài
correct (bijv. ~e spelling)	正确的	zhèng què de
vervoeging, conjugatie (de)	变位	biàn wèi
verbuiging, declinatie (de)	变格	biàn gé
naamval (de)	名词格	míng cí gé
vraag (de)	问题	wèn tí
onderstrepen (ww)	在 ··· 下画线	zài ... xià huà xiàn
stippellijn (de)	点线	diǎn xiàn

98. Vreemde talen

taal (de)	语言	yǔ yán
vreemde taal (de)	外语	wài yǔ
leren (bijv. van buiten ~)	学习	xué xí
studeren (Nederlands ~)	学, 学习	xué, xué xí
lezen (ww)	读	dú
spreken (ww)	说	shuō
begrijpen (ww)	明白	míng bai
schrijven (ww)	写	xiě
snel (bw)	快	kuài
langzaam (bw)	慢慢地	màn màn de
vloeiend (bw)	流利	liú lì
regels (mv.)	规则	guī zé
grammatica (de)	语法	yǔ fǎ
vocabulaire (het)	词汇	cí huì

fonetiek (de)	语音学	yǔ yīn xué
leerboek (het)	课本	kè běn
woordenboek (het)	词典	cí diǎn
leerboek (het) voor zelfstudie	自学的书	zì xué de shū
taalgids (de)	短语手册	duǎn yǔ shǒu cè
cassette (de)	磁带	cí dài
videocassette (de)	录像带	lù xiàng dài
CD (de)	光盘	guāng pán
DVD (de)	数字影碟	shù zì yǐng dié
alfabet (het)	字母表	zì mǔ biǎo
spellen (ww)	拼写	pīn xiě
uitspraak (de)	发音	fā yīn
accent (het)	口音	kǒu yin
met een accent (bw)	带口音	dài kǒu yin
zonder accent (bw)	没有口音	méiyǒu kǒuyin
woord (het)	字，单词	zì, dāncí
betekenis (de)	意义	yì yì
cursus (de)	讲座	jiǎng zuò
zich inschrijven (ww)	报名	bào míng
leraar (de)	老师	lǎo shī
vertaling (een ~ maken)	翻译	fān yì
vertaling (tekst)	翻译	fān yì
vertaler (de)	翻译，译者	fān yì, yì zhě
tolk (de)	口译者	kǒu yì zhě
geheugen (het)	记忆力	jì yì lì

Rusten. Entertainment. Reizen

99. Trip. Reizen

toerisme (het)	旅游	lǚ yóu
toerist (de)	旅行者	lǚ xíng zhě
reis (de)	旅行	lǚ xíng
avontuur (het)	冒险	mào xiǎn
tocht (de)	旅行	lǚ xíng
vakantie (de)	休假	xiū jià
met vakantie zijn	放假	fàng jià
rust (de)	休息	xiū xi
trein (de)	火车	huǒ chē
met de trein	乘火车	chéng huǒchē
vliegtuig (het)	飞机	fēijī
met het vliegtuig	乘飞机	chéng fēijī
met de auto	乘汽车	chéng qìchē
per schip (bw)	乘船	chéng chuán
bagage (de)	行李	xíng li
valies (de)	手提箱	shǒu tí xiāng
bagagekarretje (het)	行李车	xíng li chē
paspoort (het)	护照	hù zhào
visum (het)	签证	qiān zhèng
kaartje (het)	票	piào
vliegticket (het)	飞机票	fēijī piào
reisgids (de)	旅行指南	lǚ xíng zhǐ nán
kaart (de)	地图	dì tú
gebied (landelijk ~)	地方	dì fang
plaats (de)	地方	dì fang
exotische bestemming (de)	尖葜莺尾	jiān ruǐ yuān wěi
exotisch (bn)	外来的	wài lái de
verwonderlijk (bn)	惊人的	jīng rén de
groep (de)	组	zǔ
rondleiding (de)	游览	yóu lǎn
gids (de)	导游	dǎo yóu

100. Hotel

hotel (het)	酒店	jiǔ diàn
motel (het)	汽车旅馆	qì chē lǚ guǎn
3-sterren	三星级	sān xīng jí

5-sterren	五星级	wǔ xīng jí
overnachten (ww)	暂住	zàn zhù
kamer (de)	房间	fáng jiān
eenpersoonskamer (de)	单人间	dān rén jiān
tweepersoonskamer (de)	双人间	shuāng rén jiān
een kamer reserveren	订房间	dìng fáng jiān
halfpension (het)	半膳宿	bàn shàn sù
volpension (het)	全食宿	quán shí sù
met badkamer	带洗澡间	dài xǐ zǎo jiān
met douche	带有淋浴	dài yǒu lín yù
satelliet-tv (de)	卫星电视	wèixīng diànshì
airconditioner (de)	空调	kōng tiáo
handdoek (de)	毛巾，浴巾	máo jīn, yù jīn
sleutel (de)	钥匙	yào shi
administrateur (de)	管理者	guǎn lǐ zhě
kamermeisje (het)	女服务员	nǚ fú wù yuán
piccolo (de)	行李生	xíng li shēng
portier (de)	看门人	kān mén rén
restaurant (het)	饭馆	fàn guǎn
bar (de)	酒吧	jiǔ bā
ontbijt (het)	早饭	zǎo fàn
avondeten (het)	晚餐	wǎn cān
buffet (het)	自助餐	zì zhù cān
hal (de)	大厅	dà tīng
lift (de)	电梯	diàn tī
NIET STOREN	请勿打扰	qǐng wù dǎ rǎo
VERBODEN TE ROKEN!	禁止吸烟	jìnzhǐ xīyān

TECHNISCHE APPARATUUR. VERVOER

Technische apparatuur

101. Computer

computer (de)	电脑	diàn nǎo
laptop (de)	笔记本电脑	bǐ jì běn diàn nǎo
aanzetten (ww)	打开	dǎ kāi
uitzetten (ww)	关	guān
toetsenbord (het)	键盘	jiàn pán
toets (enter~)	键	jiàn
muis (de)	鼠标	shǔ biāo
muismat (de)	鼠标垫	shǔ biāo diàn
knopje (het)	按钮	àn niǔ
cursor (de)	光标	guāng biāo
monitor (de)	监视器	jiān shì qì
scherm (het)	屏幕	píng mù
harde schijf (de)	硬盘	yìng pán
volume (het) van de harde schijf	硬盘容量	yìng pán róngliàng
geheugen (het)	内存	nèi cún
RAM-geheugen (het)	随机存储器	suí jī cún chǔ qì
bestand (het)	文件	wén jiàn
folder (de)	文件夹	wén jiàn jiā
openen (ww)	打开	dǎ kāi
sluiten (ww)	关闭	guān bì
opslaan (ww)	保存	bǎo cún
verwijderen (wissen)	删除	shān chú
kopiëren (ww)	复制	fù zhì
sorteren (ww)	排序	pái xù
overplaatsen (ww)	复制	fù zhì
programma (het)	程序	chéng xù
software (de)	软件	ruǎn jiàn
programmeur (de)	程序员	chéng xù yuán
programmeren (ww)	编制程序	biān zhì chéng xù
hacker (computerkraker)	黑客	hēi kè
wachtwoord (het)	密码	mì mǎ
virus (het)	病毒	bìng dú
ontdekken (virus ~)	发现	fā xiàn

byte (de)	字节	zìjié
megabyte (de)	兆字节	zhào zìjié
data (de)	数据	shù jù
databank (de)	数据库	shù jù kù
kabel (USB-~, enz.)	电缆	diàn lǎn
afsluiten (ww)	断开	duàn kāi
aansluiten op (ww)	连接	lián jiē

102. Internet. E-mail

internet (het)	因特网	yīn tè wǎng
browser (de)	浏览器	liú lǎn qì
zoekmachine (de)	搜索引擎	sōu suǒ yǐn qíng
internetprovider (de)	互联网服务供应商	hù lián wǎng fú wù gōng yìng shāng
webmaster (de)	网站管理员	wǎng zhàn guǎnlǐyuán
website (de)	网站	wǎng zhàn
webpagina (de)	网页	wǎng yè
adres (het)	地址	dì zhǐ
adresboek (het)	通讯录	tōng xùn lù
postvak (het)	邮箱	yóu xiāng
post (de)	邮件	yóu jiàn
bericht (het)	邮件消息	yóujiàn xiāoxi
verzender (de)	发信人	fā xìn rén
verzenden (ww)	发信	fā xìn
verzending (de)	发信	fā xìn
ontvanger (de)	收信人	shōu xìn rén
ontvangen (ww)	收到	shōu dào
correspondentie (de)	通信	tōng xìn
corresponderen (met …)	通信	tōng xìn
bestand (het)	文件	wén jiàn
downloaden (ww)	下载	xià zǎi
creëren (ww)	创造	chuàng zào
verwijderen (een bestand ~)	删除	shān chú
verwijderd (bn)	删除的	shān chú de
verbinding (de)	连接	lián jiē
snelheid (de)	速度	sù dù
modem (de)	调制解调器	tiáo zhì jiě diào qì
toegang (de)	存取	cún qǔ
poort (de)	端口	duān kǒu
aansluiting (de)	连接	lián jiē
zich aansluiten (ww)	连接	lián jiē
selecteren (ww)	选	xuǎn
zoeken (ww)	搜寻	sōu xún

103. Elektriciteit

elektriciteit (de)	电	diàn
elektrisch (bn)	电动的	diàn dòng de
elektriciteitscentrale (de)	发电厂	fā diàn chǎng
energie (de)	电能	diàn néng
elektrisch vermogen (het)	电力	diàn lì
lamp (de)	灯泡	dēng pào
zaklamp (de)	手电筒	shǒu diàn tǒng
straatlantaarn (de)	路灯，街灯	lù dēng, jiē dēng
licht (elektriciteit)	电灯	diàn dēng
aandoen (ww)	打开	dǎ kāi
uitdoen (ww)	关	guān
het licht uitdoen	关灯	guān dēng
doorbranden (gloeilamp)	烧坏	shāo huài
kortsluiting (de)	短路	duǎn lù
onderbreking (de)	断线	duàn xiàn
contact (het)	触点	chù diǎn
schakelaar (de)	开关	kāi guān
stopcontact (het)	插座	chā zuò
stekker (de)	插头	chā tóu
verlengsnoer (de)	延长线	yán cháng xiàn
zekering (de)	保险丝	bǎo xiǎn sī
kabel (de)	电线	diàn xiàn
bedrading (de)	电气配线	diàn qì pèi xiàn
ampère (de)	安培	ān péi
stroomsterkte (de)	电流强度	diàn liú qiáng dù
volt (de)	伏，伏特	fú, fú tè
spanning (de)	伏特数	fú tè shù
elektrisch toestel (het)	电动仪器	diàn dòng yí qì
indicator (de)	指示灯	zhǐ shì dēng
elektricien (de)	电工	diàn gōng
solderen (ww)	焊接	hàn jiē
soldeerbout (de)	烙铁	lào tiě
stroom (de)	电流	diàn liú

104. Gereedschappen

werktuig (stuk gereedschap)	工具	gōng jù
gereedschap (het)	工具	gōng jù
uitrusting (de)	设备	shè bèi
hamer (de)	锤子	chuí zi
schroevendraaier (de)	螺丝刀	luó sī dāo
bijl (de)	斧子	fǔzi

zaag (de)	锯	jù
zagen (ww)	锯	jù
schaaf (de)	刨子	bào zi
schaven (ww)	刨, 刨平	bào, páo píng
soldeerbout (de)	烙铁	lào tiě
solderen (ww)	焊接	hàn jiē
vijl (de)	锉刀	cuò dāo
nijptang (de)	胡桃钳	hú táo qián
combinatietang (de)	电工钳	diàn gōng qián
beitel (de)	凿子	záo zi
boorkop (de)	钻头	zuàn tóu
boormachine (de)	电钻	diàn zuàn
boren (ww)	钻	zuàn
mes (het)	刀, 刀子	dāo, dāo zi
zakmes (het)	小折刀	xiǎo zhé dāo
knip- (abn)	折, 折叠	zhé, zhé dié
lemmet (het)	刀刃	dāo rèn
scherp (bijv. ~ mes)	锋利的	fēng lì de
bot (bn)	钝的	dùn de
bot raken (ww)	变钝	biàn dùn
slijpen (een mes ~)	磨快	mó kuài
bout (de)	螺栓	luó shuān
moer (de)	螺帽	luó mào
schroefdraad (de)	螺纹	luó wén
houtschroef (de)	木螺钉	mù luó dīng
nagel (de)	钉子	dīng zi
kop (de)	钉头	dìng tóu
liniaal (de/het)	直尺	zhí chǐ
rolmeter (de)	卷尺	juǎn chǐ
waterpas (de/het)	水平尺	shuǐ píng chǐ
loep (de)	放大镜	fàng dà jìng
meetinstrument (het)	测量工具	cè liàng gōng jù
opmeten (ww)	测量	cè liáng
schaal (meetschaal)	标尺	biāo chǐ
gegevens (mv.)	读数	dú shù
compressor (de)	压气机	yā qì jī
microscoop (de)	显微镜	xiǎn wēi jìng
pomp (de)	气筒	qì tǒng
robot (de)	机器人	jī qì rén
laser (de)	激光器	jī guāng qì
moersleutel (de)	扳手	bān shǒu
plakband (de)	胶带	jiāo dài
lijm (de)	胶水	jiāo shuǐ
schuurpapier (het)	砂纸	shā zhǐ
veer (de)	弹簧	tán huáng

magneet (de)	磁石	cí shí
handschoenen (mv.)	手套	shǒu tào
touw (bijv. hennptouw)	绳子	shéng zi
snoer (het)	线绳	xiàn shéng
draad (de)	电线	diàn xiàn
kabel (de)	电缆	diàn lǎn
moker (de)	大锤	dà chuí
breekijzer (het)	铁撬棍	tiě qiào gùn
ladder (de)	伸缩梯	shēn suō tī
trapje (inklapbaar ~)	折梯	zhé tī
aanschroeven (ww)	拧紧	nǐng jǐn
losschroeven (ww)	拧开	nǐng kāi
dichtpersen (ww)	拧紧	nǐng jǐn
vastlijmen (ww)	贴	tiē
snijden (ww)	切	qiē
defect (het)	毛病	máo bìng
reparatie (de)	修理	xiū lǐ
repareren (ww)	修理	xiū lǐ
regelen (een machine ~)	调整	tiáo zhěng
nakijken (ww)	检查	jiǎn chá
controle (de)	检查	jiǎn chá
gegevens (mv.)	读数	dú shù
degelijk (bijv. ~ machine)	可靠的	kě kào de
ingewikkeld (bn)	复杂的	fù zá de
roesten (ww)	生锈	shēng xiù
roestig (bn)	生锈的	shēng xiù de
roest (de/het)	锈	xiù

Vervoer

105. Vliegtuig

vliegtuig (het)	飞机	fēijī
vliegticket (het)	飞机票	fēijī piào
luchtvaartmaatschappij (de)	航空公司	hángkōng gōngsī
luchthaven (de)	机场	jī chǎng
supersonisch (bn)	超音速的	chāo yīn sù de
gezagvoerder (de)	机长	jī zhǎng
bemanning (de)	机组	jī zǔ
piloot (de)	飞行员	fēi xíng yuán
stewardess (de)	空姐	kōng jiě
stuurman (de)	领航员	lǐng háng yuán
vleugels (mv.)	机翼	jī yì
staart (de)	机尾	jī wěi
cabine (de)	座舱	zuò cāng
motor (de)	发动机	fā dòng jī
landingsgestel (het)	起落架	qǐ luò jià
turbine (de)	涡轮	wō lún
propeller (de)	螺旋桨	luó xuán jiǎng
zwarte doos (de)	黑匣子	hēi xiá zi
stuur (het)	飞机驾驶盘	fēijī jiàshǐpán
brandstof (de)	燃料	rán liào
veiligheidskaart (de)	指南	zhǐ nán
zuurstofmasker (het)	氧气面具	yǎngqì miànjù
uniform (het)	制服	zhì fú
reddingsvest (de)	救生衣	jiù shēng yī
parachute (de)	降落伞	jiàng luò sǎn
opstijgen (het)	起飞	qǐ fēi
opstijgen (ww)	起飞	qǐ fēi
startbaan (de)	跑道	pǎo dào
zicht (het)	可见度	kě jiàn dù
vlucht (de)	飞行	fēi xíng
hoogte (de)	高度	gāo dù
luchtzak (de)	气潭	qì tán
plaats (de)	座位	zuò wèi
koptelefoon (de)	耳机	ěr jī
tafeltje (het)	折叠托盘	zhé dié tuō pán
venster (het)	舷窗, 机窗	xián chuāng, jī chuāng
gangpad (het)	过道	guò dào

106. Trein

trein (de)	火车	huǒ chē
elektrische trein (de)	电动火车	diàndòng huǒ chē
sneltrein (de)	快车	kuài chē
diesellocomotief (de)	内燃机车	nèiránjī chē
locomotief (de)	蒸汽机车	zhēngqìjī chē
rijtuig (het)	铁路客车	tiě lù kè chē
restauratierijtuig (het)	餐车	cān chē
rails (mv.)	铁轨	tiě guǐ
spoorweg (de)	铁路	tiě lù
dwarsligger (de)	枕木	zhěn mù
perron (het)	月台	yuè tái
spoor (het)	月台	yuè tái
semafoor (de)	臂板信号机	bìbǎn xìnhào jī
halte (bijv. kleine treinhalte)	火车站	huǒ chē zhàn
machinist (de)	火车司机	huǒ chē sī jī
kruier (de)	搬运工	bān yùn gōng
conducteur (de)	列车员	liè chē yuán
passagier (de)	乘客	chéng kè
controleur (de)	列车员	liè chē yuán
gang (in een trein)	走廊	zǒu láng
noodrem (de)	紧急制动器	jǐn jí zhì dòng qì
coupé (de)	包房	bāo fáng
bed (slaapplaats)	卧铺	wò pù
bovenste bed (het)	上铺	shàng pù
onderste bed (het)	下铺	xià pù
beddengoed (het)	被单	bèi dān
kaartje (het)	票	piào
dienstregeling (de)	列车时刻表	lièchē shíkèbiǎo
informatiebord (het)	时刻表	shí kè biǎo
vertrekken	离开	lí kāi
(De trein vertrekt ...)		
vertrek (ov. een trein)	发车	fā chē
aankomen (ov. de treinen)	到达	dào dá
aankomst (de)	到达	dào dá
aankomen per trein	乘坐火车抵达	chéngzuò huǒchē dǐdá
in de trein stappen	上车	shàng chē
uit de trein stappen	下车	xià chē
locomotief (de)	蒸汽机车	zhēngqìjī chē
stoker (de)	添煤工	tiān méi gōng
stookplaats (de)	火箱	huǒ xiāng
steenkool (de)	煤炭	méi tàn

107. Schip

schip (het)	大船	dà chuán
vaartuig (het)	船	chuán
stoomboot (de)	汽船	qì chuán
motorschip (het)	江轮	jiāng lún
lijnschip (het)	远洋班轮	yuǎn yáng bān lún
kruiser (de)	巡洋舰	xún yáng jiàn
jacht (het)	快艇	kuài tǐng
sleepboot (de)	拖轮	tuō lún
duwbak (de)	驳船	bó chuán
ferryboot (de)	渡轮，渡船	dù lún, dù chuán
zeilboot (de)	帆船	fān chuán
brigantijn (de)	双桅帆船	shuāng wéi fān chuán
IJsbreker (de)	破冰船	pò bīng chuán
duikboot (de)	潜水艇	qián shuǐ tǐng
boot (de)	小船	xiǎo chuán
sloep (de)	小艇	xiǎo tǐng
reddingssloep (de)	救生艇	jiù shēng tǐng
motorboot (de)	汽艇	qì tǐng
kapitein (de)	船长，舰长	chuán zhǎng, jiàn zhǎng
zeeman (de)	水手	shuǐ shǒu
matroos (de)	海员	hǎi yuán
bemanning (de)	船员	chuán yuán
bootsman (de)	水手长	shuǐ shǒu zhǎng
scheepsjongen (de)	小水手	xiǎo shuǐ shǒu
kok (de)	船上厨师	chuánshàng chúshī
scheepsarts (de)	随船医生	suí chuán yī shēng
dek (het)	甲板	jiǎ bǎn
mast (de)	桅	wéi
zeil (het)	帆	fān
ruim (het)	货舱	huò cāng
voorsteven (de)	船头	chuán tóu
achtersteven (de)	船尾	chuán wěi
roeispaan (de)	桨	jiǎng
schroef (de)	螺旋桨	luó xuán jiǎng
kajuit (de)	小舱	xiǎo cāng
officierskamer (de)	旅客休息室	lǔkè xiū xī shì
machinekamer (de)	轮机舱	lún jī cāng
brug (de)	舰桥	jiàn qiáo
radiokamer (de)	无线电室	wú xiàn diàn shì
radiogolf (de)	波	bō
logboek (het)	航海日志	háng hǎi rì zhì
verrekijker (de)	单筒望远镜	dān tǒng wàng yuǎn jìng
klok (de)	钟	zhōng

vlag (de)	旗	qí
kabel (de)	缆绳	lǎn shéng
knoop (de)	结	jié
trapleuning (de)	栏杆	lán gān
trap (de)	舷梯	xián tī
anker (het)	锚	máo
het anker lichten	起锚	qǐ máo
het anker neerlaten	抛锚	pāo máo
ankerketting (de)	锚链	máo liàn
haven (bijv. containerhaven)	港市	gǎng shì
kaai (de)	码头	mǎ tóu
aanleggen (ww)	系泊	jì bó
wegvaren (ww)	启航	qǐ háng
reis (de)	旅行	lǚ xíng
cruise (de)	航游	háng yóu
koers (de)	航向	háng xiàng
route (de)	航线	háng xiàn
vaarwater (het)	水路	shuǐ lù
zandbank (de)	浅水	qiǎn shuǐ
stranden (ww)	搁浅	gē qiǎn
storm (de)	风暴	fēng bào
signaal (het)	信号	xìn hào
zinken (ov. een boot)	沉没	chén mò
SOS (noodsignaal)	求救信号	qiú jiù xìn hào
reddingsboei (de)	救生圈	jiù shēng quān

108. Vliegveld

luchthaven (de)	机场	jī chǎng
vliegtuig (het)	飞机	fēijī
luchtvaartmaatschappij (de)	航空公司	hángkōng gōngsī
luchtverkeersleider (de)	调度员	diào dù yuán
vertrek (het)	出发	chū fā
aankomst (de)	到达	dào dá
aankomen (per vliegtuig)	到达	dào dá
vertrektijd (de)	起飞时间	qǐ fēi shíjiān
aankomstuur (het)	到达时间	dào dá shíjiān
vertraagd zijn (ww)	晚点	wǎn diǎn
vluchtvertraging (de)	班机晚点	bān jī wǎn diǎn
informatiebord (het)	航班信息板	háng bān xìn xī bǎn
informatie (de)	信息	xìn xī
aankondigen (ww)	通知	tōng zhī
vlucht (bijv. KLM ~)	航班，班机	háng bān, bān jī
douane (de)	海关	hǎi guān

douanier (de)	海关人员	hǎi guān rényuán
douaneaangifte (de)	报关单	bào guān dān
een douaneaangifte invullen	填报关单	tián bào guān dān
paspoortcontrole (de)	护照检查	hùzhào jiǎnchá
bagage (de)	行李	xíng li
handbagage (de)	手提行李	shǒu tí xíng li
Gevonden voorwerpen	失物招领	shī wù zhāo lǐng
bagagekarretje (het)	行李车	xíng li chē
landing (de)	着陆	zhuó lù
landingsbaan (de)	跑道	pǎo dào
landen (ww)	着陆	zhuó lù
vliegtuigtrap (de)	舷梯	xián tī
inchecken (het)	办理登机	bàn lǐ dēng jī
incheckbalie (de)	办理登机手续处	bàn lǐ dēng jī shǒu xù chù
inchecken (ww)	登记	dēng jì
instapkaart (de)	登机牌	dēng jī pái
gate (de)	登机口	dēng jī kǒu
transit (de)	中转	zhōng zhuǎn
wachten (ww)	等候	děng hòu
wachtzaal (de)	出发大厅	chū fā dà tīng
begeleiden (uitwuiven)	送别	sòng bié
afscheid nemen (ww)	说再见	shuō zài jiàn

Gebeurtenissen in het leven

109. Vakanties. Evenement

feest (het)	庆典	qìng diǎn
nationale feestdag (de)	国家假日	guó jiā jià rì
feestdag (de)	公休假日	gōng xiū jià rì
herdenken (ww)	庆祝	qìng zhù

gebeurtenis (de)	事件	shì jiàn
evenement (het)	活动	huó dòng
banket (het)	宴会	yàn huì
receptie (de)	招待会	zhāo dài huì
feestmaal (het)	酒宴	jiǔ yàn

verjaardag (de)	周年	zhōu nián
jubileum (het)	周年纪念	zhōu nián jì niàn
vieren (ww)	庆祝	qìng zhù

Nieuwjaar (het)	新年	xīn nián
Gelukkig Nieuwjaar!	新年快乐！	xīn nián kuài lè!

Kerstfeest (het)	圣诞节	shèng dàn jié
Vrolijk kerstfeest!	圣诞 快乐！	shèng dàn kuài lè!
kerstboom (de)	圣诞树	shèng dàn shù
vuurwerk (het)	焰火	yàn huǒ

bruiloft (de)	婚礼	hūn lǐ
bruidegom (de)	新郎	xīn láng
bruid (de)	新娘	xīn niáng

uitnodigen (ww)	邀请	yāo qǐng
uitnodiging (de)	邀请	yāo qǐng

gast (de)	客人	kè rén
op bezoek gaan	做客	zuò kè
gasten verwelkomen	迎接客人	yíng jiē kè rén

geschenk, cadeau (het)	礼物	lǐ wù
geven (iets cadeau ~)	赠送	zèng sòng
geschenken ontvangen	收到礼物	shōu dào lǐ wù
boeket (het)	花束	huā shù

felicitaties (mv.)	祝贺	zhù hè
feliciteren (ww)	祝贺	zhù hè

wenskaart (de)	贺年片	hènián piàn
een kaartje versturen	寄明信片	jì míngxìn piàn
een kaartje ontvangen	收明信片	shōu míngxìn piàn
toast (de)	祝酒	zhù jiǔ

aanbieden (een drankje ~)	给	gěi
champagne (de)	香槟	xiāng bīn
plezier hebben (ww)	乐趣	lè qù
plezier (het)	娱乐	yú lè
vreugde (de)	欢欣	huān xīn
dans (de)	舞蹈	wǔ dǎo
dansen (ww)	跳舞	tiào wǔ
wals (de)	华尔兹	huá ěr zī
tango (de)	探戈舞	tàn gē wǔ

110. Begrafenissen. Begrafenis

kerkhof (het)	墓地	mùdì
graf (het)	墓穴	mù xué
grafsteen (de)	墓碑	mù bēi
omheining (de)	围栏	wéi lán
kapel (de)	小教堂	xiǎo jiào táng
dood (de)	死亡	sǐ wáng
sterven (ww)	死，死亡	sǐ, sǐ wáng
overledene (de)	死人	sǐ rén
rouw (de)	哀悼日	āi dào rì
begraven (ww)	埋葬	mái zàng
begrafenisonderneming (de)	殡仪馆	bìn yí guǎn
begrafenis (de)	葬礼	zàng lǐ
krans (de)	花圈	huā quān
doodskist (de)	棺材	guān cái
lijkwagen (de)	灵车	líng chē
lijkkleed (de)	裹尸布	guǒ shī bù
urn (de)	骨灰罐	gǔ huī guàn
crematorium (het)	火葬场	huǒ zàng chǎng
overlijdensbericht (het)	讣告，讣闻	fù gào, fù wén
huilen (wenen)	哭	kū
snikken (huilen)	啜泣	chuò qì

111. Oorlog. Soldaten

peloton (het)	排	pái
compagnie (de)	连	lián
regiment (het)	团	tuán
leger (armee)	军	jūn
divisie (de)	师	shī
sectie (de)	小分队	xiǎo fēn duì
troep (de)	军队	jūn duì

| soldaat (militair) | 士兵 | shì bīng |
| officier (de) | 军官 | jūn guān |

soldaat (rang)	士兵, 列兵	shìbīng, lièbīng
sergeant (de)	中士	zhōng shì
luitenant (de)	中尉	zhōng wèi
kapitein (de)	上尉	shàng wèi
majoor (de)	少校	shào xiào
kolonel (de)	上校	shàng xiào
generaal (de)	将军	jiāng jūn

matroos (de)	水兵	shuǐ bīng
kapitein (de)	上尉	shàng wèi
bootsman (de)	水手长	shuǐ shǒu zhǎng

artillerist (de)	炮兵	pào bīng
valschermjager (de)	伞兵	sǎn bīng
piloot (de)	飞行员	fēi xíng yuán
stuurman (de)	领航员	lǐng háng yuán
mecanicien (de)	机修工	jī xiū gōng

sappeur (de)	工兵	gōng bīng
parachutist (de)	伞兵	sǎn bīng
verkenner (de)	侦察兵	zhēn chá bīng
scherpschutter (de)	狙击手	jū jī shǒu

patrouille (de)	巡逻队	xún luó duì
patrouilleren (ww)	巡逻	xún luó
wacht (de)	哨兵	shào bīng

krijger (de)	勇士	yǒng shì
held (de)	英雄	yīng xióng
heldin (de)	女英雄	nǚ yīng xióng
patriot (de)	爱国者	ài guó zhě

verrader (de)	叛徒	pàn tú
deserteur (de)	逃兵	táo bīng
deserteren (ww)	擅离	shàn lí

huurling (de)	雇佣兵	gù yōng bīng
rekruut (de)	新兵	xīn bīng
vrijwilliger (de)	志愿兵	zhì yuàn bīng

gedode (de)	死者	sǐ zhě
gewonde (de)	伤员	shāng yuán
krijgsgevangene (de)	战俘	zhàn fú

112. Oorlog. Militaire acties. Deel 1

oorlog (de)	战争	zhàn zhēng
oorlog voeren (ww)	开战	kāi zhàn
burgeroorlog (de)	内战	nèi zhàn
achterbaks (bw)	背信弃义地	bèi xìn qì yì de
oorlogsverklaring (de)	宣战	xuān zhàn

verklaren (de oorlog ~)	宣战	xuān zhàn
agressie (de)	侵略	qīn lüè
aanvallen (binnenvallen)	侵略	qīn lüè
binnenvallen (ww)	侵略	qīn lüè
invaller (de)	侵略者	qīn lüè zhě
veroveraar (de)	征服者	zhēng fú zhě
verdediging (de)	国防	guó fáng
verdedigen (je land ~)	保卫	bǎo wèi
zich verdedigen (ww)	保卫	bǎo wèi
vijand, tegenstander (de)	敌人	dí rén
vijandelijk (bn)	敌人的	dí rén de
strategie (de)	战略	zhàn lüè
tactiek (de)	战术	zhàn shù
order (de)	命令	mìng lìng
bevel (het)	命令	mìng lìng
bevelen (ww)	命令	mìng lìng
opdracht (de)	任务	rèn wu
geheim (bn)	秘密的	mì mì de
veldslag (de)	会战	huì zhàn
strijd (de)	战斗	zhàn dòu
aanval (de)	袭击	xí jī
bestorming (de)	攻陷, 猛攻	gōng xiàn, měng gōng
bestormen (ww)	猛攻	měng gōng
bezetting (de)	包围	bāo wéi
aanval (de)	进攻	jìn gōng
in het offensief te gaan	进攻	jìn gōng
terugtrekking (de)	退却	tuì què
zich terugtrekken (ww)	退却	tuì què
omsingeling (de)	包围	bāo wéi
omsingelen (ww)	包围	bāo wéi
bombardement (het)	轰炸	hōng zhà
een bom gooien	投弹	tóu dàn
bombarderen (ww)	轰炸	hōng zhà
ontploffing (de)	爆炸	bào zhà
schot (het)	射击	shè jī
een schot lossen	射击	shè jī
schieten (het)	枪击事件	qiāng jī shì jiàn
mikken op (ww)	瞄准	miáo zhǔn
aanleggen (een wapen ~)	瞄准	miáo zhǔn
treffen (doelwit ~)	击中	jī zhòng
zinken (tot zinken brengen)	击沉	jī chén
kogelgat (het)	洞	dòng

zinken (gezonken zijn)	沉没	chén mò
front (het)	前线	qián xiàn
hinterland (het)	后方	hòu fāng
evacuatie (de)	疏散	shū sàn
evacueren (ww)	疏散	shū sàn
prikkeldraad (de)	倒钩铁丝	dǎo gōu tiě sī
verdedigingsobstakel (het)	障碍物	zhàng ài wù
wachttoren (de)	岗楼	gǎng lóu
hospitaal (het)	医院	yī yuàn
verwonden (ww)	打伤	dǎ shāng
wond (de)	伤口	shāng kǒu
gewonde (de)	伤员	shāng yuán
gewond raken (ww)	受伤	shòu shāng
ernstig (~e wond)	严重的	yán zhòng de

113. Oorlog. Militaire acties. Deel 2

krijgsgevangenschap (de)	囚禁	qiú jìn
krijgsgevangen nemen	俘虏	fúlǔ
krijgsgevangene zijn	当 … 俘虏	dāng … fúlǔ
krijgsgevangen genomen worden	被 … 俘虏	bèi … fúlǔ
concentratiekamp (het)	集中营	jí zhōng yíng
krijgsgevangene (de)	战俘	zhàn fú
vluchten (ww)	逃脱	táo tuō
verraden (ww)	背叛	bèi pàn
verrader (de)	叛徒	pàn tú
verraad (het)	背叛	bèi pàn
fusilleren (executeren)	枪决	qiāng jué
executie (de)	枪毙	qiāng bì
uitrusting (de)	制服	zhì fú
schouderstuk (het)	肩章	jiān zhāng
gasmasker (het)	防毒面具	fáng dú miàn jù
portofoon (de)	无线电台	wú xiàn diàn tái
geheime code (de)	密码	mì mǎ
samenzwering (de)	秘密活动	mì mì huó dòng
wachtwoord (het)	口令	kǒu lìng
mijn (landmijn)	地雷	dì léi
ondermijnen (legden mijnen)	布雷	bù léi
mijnenveld (het)	地雷区	dì léi qū
luchtalarm (het)	防空警报	fáng kōng jǐng bào
alarm (het)	警报	jǐng bào
signaal (het)	信号	xìn hào
vuurpijl (de)	信号弹	xìn hào dàn
staf (generale ~)	司令部	sī lìng bù

verkenningstocht (de)	侦察	zhēn chá
toestand (de)	情况	qíng kuàng
rapport (het)	报告	bào gào
hinderlaag (de)	埋伏	mái fu
versterking (de)	增援部队	zēng yuán bù duì
doel (bewegend ~)	靶子	bǎ zi
proefterrein (het)	靶场	bǎ chǎng
manoeuvres (mv.)	演习	yǎn xí
paniek (de)	惊慌	jīng huāng
verwoesting (de)	破坏	pò huài
verwoestingen (mv.)	废墟	fèi xū
verwoesten (ww)	破坏	pò huài
overleven (ww)	活下来	huó xiàlai
ontwapenen (ww)	解除武装	jiěchú wǔzhuāng
behandelen (een pistool ~)	操纵	cāo zòng
Geeft acht!	立正!	lì zhèng!
Op de plaats rust!	稍息!	shào xī
heldendaad (de)	英雄业绩	yīng xióng yèjì
eed (de)	誓言	shì yán
zweren (een eed doen)	发誓	fā shì
decoratie (de)	勋章	xūn zhāng
onderscheiden (een ereteken geven)	奖赏	jiǎng shǎng
medaille (de)	奖章	jiǎng zhāng
orde (de)	勋章	xūn zhāng
overwinning (de)	胜利	shèng lì
verlies (het)	失败	shī bài
wapenstilstand (de)	休战	xiū zhàn
wimpel (vaandel)	旗	qí
roem (de)	光荣	guāng róng
parade (de)	阅兵	yuè bīng
marcheren (ww)	列队行进	liè duì xíng jìn

114. Wapens

wapens (mv.)	武器	wǔ qì
vuurwapens (mv.)	火器	huǒ qì
koude wapens (mv.)	冷兵器	lěng bīng qì
chemische wapens (mv.)	化学武器	huà xué wǔ qì
kern-, nucleair (bn)	核 …	hé …
kernwapens (mv.)	核武器	hé wǔ qì
bom (de)	炸弹	zhà dàn
atoombom (de)	原子弹	yuán zǐ dàn
pistool (het)	手枪	shǒu qiāng

geweer (het)	火枪	huǒ qiāng
machinepistool (het)	冲锋枪	chōng fēng qiāng
machinegeweer (het)	机枪	jī qiāng
loop (schietbuis)	枪口	qiāng kǒu
loop (bijv. geweer met kortere ~)	枪管	qiāng guǎn
kaliber (het)	口径	kǒu jìng
trekker (de)	扳机	bān jī
korrel (de)	瞄准器	miáo zhǔn qì
magazijn (het)	弹匣	dàn xiá
geweerkolf (de)	枪托	qiāng tuō
granaat (handgranaat)	手榴弹	shǒu liú dàn
explosieven (mv.)	炸药	zhà yào
kogel (de)	子弹	zǐdàn
patroon (de)	枪弹	qiāng dàn
lading (de)	弹药, 火药	dàn yào, huǒ yào
ammunitie (de)	弹药	dàn yào
bommenwerper (de)	轰炸机	hōng zhà jī
straaljager (de)	歼击机	jiān jī jī
helikopter (de)	直升飞机	zhí shēng fēi jī
afweergeschut (het)	高射炮	gāo shè pào
tank (de)	坦克	tǎn kè
kanon (tank met een ~ van 76 mm)	坦克炮	tǎn kè pào
artillerie (de)	炮	pào
aanleggen (een wapen ~)	瞄准	miáo zhǔn
projectiel (het)	炮弹	pào dàn
mortiergranaat (de)	迫击炮榴弹	pǎi jī pào liú dàn
mortier (de)	迫击炮	pǎi jī pào
granaatscherf (de)	碎片	suì piàn
duikboot (de)	潜水艇	qián shuǐ tǐng
torpedo (de)	鱼雷	yú léi
raket (de)	导弹	dǎo dàn
laden (geweer, kanon)	装弹	zhuāng dàn
schieten (ww)	射击	shè jī
richten op (mikken)	瞄准	miáo zhǔn
bajonet (de)	刺刀	cìdāo
degen (de)	重剑	zhòng jiàn
sabel (de)	马刀	mǎ dāo
speer (de)	矛	máo
boog (de)	弓	gōng
pijl (de)	箭	jiàn
musket (de)	火枪	huǒ qiāng
kruisboog (de)	弩, 石弓	nǔ, shí gōng

115. Oude mensen

primitief (bn)	原始的	yuán shǐ de
voorhistorisch (bn)	史前的	shǐ qián de
eeuwenoude (~ beschaving)	古代的	gǔ dài de
Steentijd (de)	石器时代	shí qì shí dài
Bronstijd (de)	青铜时代	qīng tóng shí dài
IJstijd (de)	冰河时代	bīng hé shí dài
stam (de)	部落	bù luò
menseneter (de)	食人族	shí rén zú
jager (de)	猎人	liè rén
jagen (ww)	打猎	dǎ liè
mammoet (de)	猛犸	měng mǎ
grot (de)	洞穴	dòng xué
vuur (het)	火	huǒ
kampvuur (het)	火堆	huǒ duī
rotstekening (de)	岩画	yán huà
werkinstrument (het)	工具	gōng jù
speer (de)	矛	máo
stenen bijl (de)	石斧子	shí fǔ zi
oorlog voeren (ww)	开战	kāi zhàn
temmen (bijv. wolf ~)	驯养	xùn yǎng
idool (het)	偶像	ǒu xiàng
aanbidden (ww)	崇拜	chóng bài
bijgeloof (het)	迷信	mí xìn
evolutie (de)	进化	jìn huà
ontwikkeling (de)	发展	fā zhǎn
verdwijning (de)	消失	xiāo shī
zich aanpassen (ww)	适应	shì yìng
archeologie (de)	考古学	kǎo gǔ xué
archeoloog (de)	考古学家	kǎo gǔ xué jiā
archeologisch (bn)	考古学的	kǎo gǔ xué de
opgravingsplaats (de)	考古发掘现场	kǎo gǔ fā jué xiàn chǎng
opgravingen (mv.)	考古发掘工作	kǎo gǔ fā jué gōng zuò
vondst (de)	发现	fā xiàn
fragment (het)	碎片，碎块	suì piàn, suì kuài

116. Middeleeuwen

volk (het)	民族	mín zú
volkeren (mv.)	民族	mín zú
stam (de)	部落	bù luò
stammen (mv.)	部落	bù luò
barbaren (mv.)	野蛮人	yě mán rén
Galliërs (mv.)	高卢人	gāo lú rén

Goten (mv.)	哥特人	gē tè rén
Slaven (mv.)	斯拉夫人	sī lā fū rén
Vikings (mv.)	北欧海盗	běi ōu hǎi dào
Romeinen (mv.)	古罗马人	gǔ luó mǎ rén
Romeins (bn)	罗马的	luó mǎ de
Byzantijnen (mv.)	拜占庭人	bàizhàntíng rén
Byzantium (het)	拜占庭	bàizhàntíng
Byzantijns (bn)	拜占庭的	bàizhàntíng de
keizer (bijv. Romeinse ~)	皇帝	huáng dì
opperhoofd (het)	领袖	lǐng xiù
machtig (bn)	强大的	qiáng dà de
koning (de)	国王	guó wáng
heerser (de)	统治者	tǒng zhì zhě
ridder (de)	骑士	qí shì
feodaal (de)	封建主	fēng jiàn zhǔ
feodaal (bn)	封建的	fēng jiàn de
vazal (de)	封臣	fēng chén
hertog (de)	公爵	gōng jué
graaf (de)	伯爵	bó jué
baron (de)	男爵	nán jué
bisschop (de)	主教	zhǔ jiào
harnas (het)	盔甲	kuī jiǎ
schild (het)	盾牌	dùn pái
zwaard (het)	剑	jiàn
vizier (het)	面甲	miàn jiǎ
maliënkolder (de)	锁子甲	suǒ zǐ jiǎ
kruistocht (de)	十字军远征	shízìjūn yuǎnzhēng
kruisvaarder (de)	十字军战士	shízìjūn zhànshì
gebied (bijv. bezette ~en)	领土	lǐng tǔ
aanvallen (binnenvallen)	侵略	qīn lüè
veroveren (ww)	征服	zhēng fú
innemen (binnenvallen)	侵占	qīn zhàn
bezetting (de)	包围	bāo wéi
bezet (bn)	包围的	bāo wéi de
belegeren (ww)	包围	bāo wéi
inquisitie (de)	宗教裁判所	zōngjiào cáipàn suǒ
inquisiteur (de)	宗教裁判者	zōngjiào cáipàn zhě
foltering (de)	拷打	kǎo dǎ
wreed (bn)	残酷的	cán kù de
ketter (de)	异教徒	yì jiào tú
ketterij (de)	异教	yì jiào
zeevaart (de)	航海	háng hǎi
piraat (de)	海盗	hǎi dào
piraterij (de)	海盗行为	hǎi dào xíng wéi
enteren (het)	接舷战	jiē xián zhàn

buit (de)	赃物	zāng wù
schatten (mv.)	宝物	bǎo wù
ontdekking (de)	发现	fā xiàn
ontdekken (bijv. nieuw land)	发现	fā xiàn
expeditie (de)	探险	tàn xiǎn
musketier (de)	火枪兵	huǒ qiāng bīng
kardinaal (de)	红衣主教	hóng yī zhǔ jiào
heraldiek (de)	徽章学	huī zhāng xué
heraldisch (bn)	徽章学的	huī zhāng xué de

117. Leider. Baas. Autoriteiten

koning (de)	国王	guó wáng
koningin (de)	王后，女王	wáng hòu, nǚ wáng
koninklijk (bn)	皇家的	huáng jiā de
koninkrijk (het)	王国	wáng guó
prins (de)	王子	wáng zǐ
prinses (de)	公主	gōng zhǔ
president (de)	总统	zǒng tǒng
vicepresident (de)	副总统	fù zǒng tǒng
senator (de)	参议院	cān yì yuàn
monarch (de)	君主	jūn zhǔ
heerser (de)	统治者	tǒng zhì zhě
dictator (de)	独裁者	dú cái zhě
tiran (de)	暴君	bào jūn
magnaat (de)	大亨	dà hēng
directeur (de)	经理	jīng lǐ
chef (de)	老板	lǎo bǎn
beheerder (de)	主管人	zhǔ guǎn rén
baas (de)	老板	lǎo bǎn
eigenaar (de)	业主	yè zhǔ
hoofd (bijv. ~ van de delegatie)	团长	tuán zhǎng
autoriteiten (mv.)	当局	dāng jú
superieuren (mv.)	管理层	guǎn lǐ céng
gouverneur (de)	省长	shěng zhǎng
consul (de)	领事	lǐng shì
diplomaat (de)	外交官	wài jiāo guān
burgemeester (de)	市长	shì zhǎng
sheriff (de)	县治安官	xiàn zhì ān guān
keizer (bijv. Romeinse ~)	皇帝	huáng dì
tsaar (de)	沙皇	shā huáng
farao (de)	法老	fǎ lǎo
kan (de)	可汗	kè hán

118. De wet overtreden. Criminelen. Deel 1

bandiet (de)	匪徒	fěi tú
misdaad (de)	罪行	zuì xíng
misdadiger (de)	罪犯	zuì fàn
dief (de)	小偷	xiǎo tōu
stelen (ww)	偷窃	tōu qiè
stelen (de)	偷盗	tōu dào
diefstal (de)	偷窃	tōu qiè
kidnappen (ww)	绑票	bǎng piào
kidnapping (de)	绑架罪	bǎng jià zuì
kidnapper (de)	绑票者	bǎng piào zhě
losgeld (het)	赎金	shú jīn
eisen losgeld (ww)	要赎金	yào shú jīn
overvallen (ww)	抢劫	qiǎng jié
overvaller (de)	抢劫犯	qiǎng jié fàn
afpersen (ww)	敲诈	qiāo zhà
afperser (de)	敲诈者	qiāo zhà zhě
afpersing (de)	敲诈罪	qiāo zhà zuì
vermoorden (ww)	杀死	shā sǐ
moord (de)	杀人	shā rén
moordenaar (de)	杀人犯	shā rén fàn
schot (het)	射击	shè jī
een schot lossen	射击	shè jī
neerschieten (ww)	枪杀	qiāng shā
schieten (ww)	射击	shè jī
schieten (het)	枪击事件	qiāng jī shì jiàn
ongeluk (gevecht, enz.)	事故	shì gù
gevecht (het)	打架，打斗	dǎ jià, dǎ dòu
Help!	救命！	jiù mìng!
slachtoffer (het)	受害者	shòu hài zhě
beschadigen (ww)	毁坏	huǐ huài
schade (de)	损失	sǔn shī
lijk (het)	尸体	shī tǐ
zwaar (~ misdrijf)	严重的	yán zhòng de
aanvallen (ww)	攻击	gōng jī
slaan (iemand ~)	打	dǎ
in elkaar slaan (toetakelen)	痛打	tòng dǎ
ontnemen (beroven)	夺走	duó zǒu
steken (met een mes)	捅死	tǒng sǐ
verminken (ww)	把 … 打成残废	bǎ … dǎchéng cánfèi
verwonden (ww)	打伤	dǎ shāng
chantage (de)	勒索	lè suǒ
chanteren (ww)	勒索	lè suǒ

chanteur (de)	勒索者	lè suǒ zhě
afpersing (de)	敲诈罪	qiāo zhà zuì
afperser (de)	敲诈者	qiāo zhà zhě
gangster (de)	歹徒	dǎi tú
maffia (de)	黑手党	hēi shǒu dǎng
kruimeldief (de)	小偷	xiǎo tōu
inbreker (de)	破门盗窃者	pò mén dào qiè zhě
smokkelen (het)	走私	zǒu sī
smokkelaar (de)	走私者	zǒu sī zhě
namaak (de)	伪造品	wěi zào pǐn
namaken (ww)	伪造	wěi zào
namaak-, vals (bn)	伪造的	wěi zào de

119. De wet overtreden. Criminelen. Deel 2

verkrachting (de)	强奸	qiáng jiān
verkrachten (ww)	强奸	qiáng jiān
verkrachter (de)	强奸犯	qiáng jiān fàn
maniak (de)	疯子	fēng zi
prostituee (de)	卖淫者，妓女	mài yín zhě, jì nǚ
prostitutie (de)	卖淫	mài yín
pooier (de)	皮条客	pí tiáo kè
drugsverslaafde (de)	吸毒者	xī dú zhě
drugshandelaar (de)	毒贩子	dú fàn zi
opblazen (ww)	炸毁	zhà huǐ
explosie (de)	爆炸	bào zhà
in brand steken (ww)	放火	fàng huǒ
brandstichter (de)	纵火犯	zòng huǒ fàn
terrorisme (het)	恐怖主义	kǒng bù zhǔ yì
terrorist (de)	恐怖分子	kǒng bù fèn zǐ
gijzelaar (de)	人质	rén zhì
bedriegen (ww)	欺骗	qī piàn
bedrog (het)	欺骗行为	qī piàn xíng wéi
oplichter (de)	骗子	piàn zi
omkopen (ww)	贿赂	huì lù
omkoperij (de)	贿赂	huì lù
smeergeld (het)	贿赂	huì lù
vergif (het)	毒物，毒药	dú wù, dú yào
vergiftigen (ww)	毒死	dú sǐ
vergif innemen (ww)	服毒自杀	fú dú zì shā
zelfmoord (de)	自杀	zì shā
zelfmoordenaar (de)	自杀者	zì shā zhě
bedreigen (bijv. met een pistool)	威胁	wēi xié

bedreiging (de)	威胁	wēi xié
een aanslag plegen	犯罪未遂	fànzuì wèisuì
aanslag (de)	杀人企图	shā rén qǐ tú
stelen (een auto)	偷	tōu
kapen (een vliegtuig)	劫持	jié chí
wraak (de)	报仇	bào chóu
wreken (ww)	报 … 之仇	bào … zhī chóu
martelen (gevangenen)	拷打	kǎo dǎ
foltering (de)	拷打	kǎo dǎ
folteren (ww)	虐待	nüè dài
piraat (de)	海盗	hǎi dào
straatschender (de)	流氓	liú máng
gewapend (bn)	携带武器的	xié dài wǔ qì de
geweld (het)	暴力	bào lì
spionage (de)	间谍活动	jiàn dié huó dòng
spioneren (ww)	充当间谍	chōng dāng jiàn dié

120. Politie. Wet. Deel 1

gerecht (het)	司法	sī fǎ
gerechtshof (het)	法院	fǎ yuàn
rechter (de)	法官	fǎ guān
jury (de)	陪审团成员	péi shěn tuán chéng yuán
juryrechtspraak (de)	陪审团审判	péi shěn tuán shěn pàn
berechten (ww)	审判	shěn pàn
advocaat (de)	辩护人	biàn hù rén
beklaagde (de)	被告	bèi gào
beklaagdenbank (de)	被告席	bèi gào xí
beschuldiging (de)	指控	zhǐ kòng
beschuldigde (de)	被告	bèi gào
vonnis (het)	判决	pàn jué
veroordelen (in een rechtszaak)	判处	pàn chǔ
schuldige (de)	有罪的人	yǒu zuì de rén
straffen (ww)	惩罚	chéng fá
bestraffing (de)	惩罚	chéng fá
boete (de)	罚款	fá kuǎn
levenslange opsluiting (de)	无期徒刑	wú qī tú xíng
doodstraf (de)	死刑	sǐ xíng
elektrische stoel (de)	电椅	diàn yǐ
schavot (het)	绞刑架	jiǎo xíng jià
executeren (ww)	处决	chǔ jué
executie (de)	死刑	sǐ xíng

gevangenis (de)	监狱	jiā nyù
cel (de)	单人牢房	dān rén láo fáng
konvooi (het)	护送队	hù sòng duì
gevangenisbewaker (de)	狱警	yù jǐng
gedetineerde (de)	犯人，囚犯	fàn rén, qiú fàn
handboeien (mv.)	手铐	shǒu kào
handboeien omdoen	戴上手铐	dài shang shǒu kào
ontsnapping (de)	逃跑	táo pǎo
ontsnappen (ww)	逃跑	táo pǎo
verdwijnen (ww)	消失	xiāo shī
vrijlaten (uit de gevangenis)	获释	huò shì
amnestie (de)	赦免	shè miǎn
politie (de)	警察	jǐng chá
politieagent (de)	警察	jǐng chá
politiebureau (het)	警察局	jǐng chá jú
knuppel (de)	警棍	jǐng gùn
megafoon (de)	扩音器	kuò yīn qì
patrouilleerwagen (de)	巡逻车	xún luó chē
sirene (de)	警报器	jǐng bào qì
de sirene aansteken	开警报器	kāi jǐng bào qì
geloei (het) van de sirene	警报器声	jǐng bào qì shēng
plaats delict (de)	犯罪现场	fànzuì xiànchǎng
getuige (de)	目击者	mù jī zhě
vrijheid (de)	自由	zì yóu
handlanger (de)	同犯，共犯	tóng fàn, gòng fàn
ontvluchten (ww)	逃脱	táo tuō
spoor (het)	脚印	jiǎo yìn

121. Politie. Wet. Deel 2

opsporing (de)	寻找	xún zhǎo
opsporen (ww)	寻找	xún zhǎo
verdenking (de)	怀疑	huái yí
verdacht (bn)	令人怀疑的	lìng rén huái yí de
aanhouden (stoppen)	拦住	lán zhù
tegenhouden (ww)	扣押，拘留	kòu yā, jū liú
strafzaak (de)	案件，案子	àn jiàn, àn zi
onderzoek (het)	侦查	zhēn chá
detective (de)	侦探	zhēn tàn
onderzoeksrechter (de)	侦查员	zhēn chá yuán
versie (de)	说法	shuō fa
motief (het)	动机	dòng jī
verhoor (het)	讯问，审问	xùn wèn, shěn wèn
ondervragen (door de politie)	审问	shěn wèn
ondervragen (omstanders ~)	询问	xún wèn
controle (de)	检查	jiǎn chá

razzia (de)	围捕	wéi bǔ
huiszoeking (de)	搜查	sōu chá
achtervolging (de)	追捕	zhuī bǔ
achtervolgen (ww)	追踪	zhuī zōng
opsporen (ww)	监视	jiān shì
arrest (het)	逮捕	dài bǔ
arresteren (ww)	拘捕	jū bǔ
vangen, aanhouden (een dief, enz.)	逮住	dǎi zhù
aanhouding (de)	捕获	bǔ huò
document (het)	文件	wén jiàn
bewijs (het)	证据	zhèng jù
bewijzen (ww)	证明	zhèng míng
voetspoor (het)	脚印	jiǎo yìn
vingerafdrukken (mv.)	指纹	zhǐ wén
bewijs (het)	证据	zhèng jù
alibi (het)	托辞	tuō cí
onschuldig (bn)	无罪的	wú zuì de
onrecht (het)	非正义	fēi zhèng yì
onrechtvaardig (bn)	不公正的	bù gōng zhèng de
crimineel (bn)	刑事的	xíng shì de
confisqueren (in beslag nemen)	没收	mò shōu
drug (de)	毒品	dú pǐn
wapen (het)	武器	wǔ qì
ontwapenen (ww)	缴械	jiǎo xiè
bevelen (ww)	命令	mìng lìng
verdwijnen (ww)	消失	xiāo shī
wet (de)	法律	fǎ lǜ
wettelijk (bn)	合法的	hé fǎ de
onwettelijk (bn)	非法的	fēi fǎ de
verantwoordelijkheid (de)	责任	zé rèn
verantwoordelijk (bn)	负责的	fù zé de

NATUUR

De Aarde. Deel 1

122. De kosmische ruimte

kosmos (de)	宇宙	yǔ zhòu
kosmisch (bn)	宇宙的，太空	yǔ zhòu de, tài kōng
kosmische ruimte (de)	外层空间	wài céng kōng jiān
wereld (de), heelal (het)	宇宙	yǔ zhòu
sterrenstelsel (het)	银河系	yín hé xì
ster (de)	星，恒星	xīng, héng xīng
sterrenbeeld (het)	星座	xīng zuò
planeet (de)	行星	xíng xīng
satelliet (de)	卫星	wèi xīng
meteoriet (de)	陨石	yǔn shí
komeet (de)	彗星	huì xīng
asteroïde (de)	小行星	xiǎo xíng xīng
baan (de)	轨道	guǐ dào
draaien (om de zon, enz.)	公转	gōng zhuàn
atmosfeer (de)	大气层	dà qì céng
Zon (de)	太阳	tài yáng
zonnestelsel (het)	太阳系	tài yáng xì
zonsverduistering (de)	日食	rì shí
Aarde (de)	地球	dì qiú
Maan (de)	月球	yuè qiú
Mars (de)	火星	huǒ xīng
Venus (de)	金星	jīn xīng
Jupiter (de)	木星	mù xīng
Saturnus (de)	土星	tǔ xīng
Mercurius (de)	水星	shuǐ xīng
Uranus (de)	天王星	tiān wáng xīng
Neptunus (de)	海王星	hǎi wáng xīng
Pluto (de)	冥王星	míng wáng xīng
Melkweg (de)	银河	yín hé
Grote Beer (de)	大熊座	dà xióng zuò
Poolster (de)	北极星	běi jí xīng
marsmannetje (het)	火星人	huǒ xīng rén
buitenaards wezen (het)	外星人	wài xīng rén

bovenaards (het)	外星人	wài xīng rén
vliegende schotel (de)	飞碟	fēi dié
ruimtevaartuig (het)	宇宙飞船	yǔ zhòu fēi chuán
ruimtestation (het)	宇宙空间站	yǔ zhòu kōng jiān zhàn
start (de)	发射	fā shè
motor (de)	发动机	fā dòng jī
straalpijp (de)	喷嘴	pēn zuǐ
brandstof (de)	燃料	rán liào
cabine (de)	座舱	zuò cāng
antenne (de)	天线	tiān xiàn
patrijspoort (de)	舷窗	xián chuāng
zonnebatterij (de)	太阳能电池	tàiyáng néng diànchí
ruimtepak (het)	太空服	tài kōng fú
gewichtloosheid (de)	失重	shī zhòng
zuurstof (de)	氧气	yǎng qì
koppeling (de)	对接	duì jiē
koppeling maken	对接	duì jiē
observatorium (het)	天文台	tiānwén tái
telescoop (de)	天文望远镜	tiānwén wàngyuǎnjìng
waarnemen (ww)	观察到	guān chá dào
exploreren (ww)	探索	tàn suǒ

123. De Aarde

Aarde (de)	地球	dì qiú
aardbol (de)	地球	dì qiú
planeet (de)	行星	xíng xīng
atmosfeer (de)	大气层	dà qì céng
aardrijkskunde (de)	地理学	dì lǐ xué
natuur (de)	自然界	zì rán jiè
wereldbol (de)	地球仪	dì qiú yí
kaart (de)	地图	dì tú
atlas (de)	地图册	dì tú cè
Europa (het)	欧洲	oūzhōu
Azië (het)	亚洲	yàzhōu
Afrika (het)	非洲	fēizhōu
Australië (het)	澳洲	àozhōu
Amerika (het)	美洲	měizhōu
Noord-Amerika (het)	北美洲	běiměizhōu
Zuid-Amerika (het)	南美洲	nánměizhōu
Antarctica (het)	南极洲	nánjízhōu
Arctis (de)	北极地区	běijídìqū

124. Windrichtingen

noorden (het)	北方	běi fāng
naar het noorden	朝北	cháo běi
in het noorden	在北方	zài běi fāng
noordelijk (bn)	北方的	běi fāng de
zuiden (het)	南方	nán fāng
naar het zuiden	朝南	cháo nán
in het zuiden	在南方	zài nán fāng
zuidelijk (bn)	南方的	nán fāng de
westen (het)	西方	xī fāng
naar het westen	朝西	cháo xī
in het westen	在西方	zài xī fāng
westelijk (bn)	西方的	xī fāng de
oosten (het)	东方	dōng fāng
naar het oosten	朝东	cháo dōng
in het oosten	在东方	zài dōng fāng
oostelijk (bn)	东方的	dōng fāng de

125. Zee. Oceaan

zee (de)	海, 大海	hǎi, dà hǎi
oceaan (de)	海洋, 大海	hǎi yáng, dà hǎi
golf (baai)	海湾	hǎi wān
straat (de)	海峡	hǎi xiá
grond (vaste grond)	陆地	lù dì
continent (het)	大陆, 洲	dà lù, zhōu
eiland (het)	岛, 海岛	dǎo, hǎi dǎo
schiereiland (het)	半岛	bàn dǎo
archipel (de)	群岛	qún dǎo
baai, bocht (de)	海湾	hǎi wān
haven (de)	港口	gǎng kǒu
lagune (de)	泻湖	xiè hú
kaap (de)	海角	hǎi jiǎo
atol (de)	环状珊瑚岛	huánzhuàng shānhúdǎo
rif (het)	礁	jiāo
koraal (het)	珊瑚	shān hú
koraalrif (het)	珊瑚礁	shān hú jiāo
diep (bn)	深的	shēn de
diepte (de)	深度	shēn dù
diepzee (de)	深渊	shēn yuān
trog (bijv. Marianentrog)	海沟	hǎi gōu
stroming (de)	水流	shuǐ liú
omspoelen (ww)	环绕	huán rào
oever (de)	岸	àn

kust (de)	海岸，海滨	hǎi àn, hǎi bīn
vloed (de)	高潮	gāo cháo
eb (de)	落潮	luò cháo
ondiepte (ondiep water)	沙洲	shā zhōu
bodem (de)	海底	hǎi dǐ
golf (hoge ~)	波浪	bō làng
golfkam (de)	浪峰	làng fēng
schuim (het)	泡沫	pào mò
orkaan (de)	飓风	jù fēng
tsunami (de)	海啸	hǎi xiào
windstilte (de)	风平浪静	fēng píng làng jìng
kalm (bijv. ~e zee)	平静的	píng jìng de
pool (de)	北极	běi jí
polair (bn)	北极的	běi jí de
breedtegraad (de)	纬度	wěi dù
lengtegraad (de)	经度	jīng dù
parallel (de)	纬线	wěi xiàn
evenaar (de)	赤道	chì dào
hemel (de)	天	tiān
horizon (de)	地平线	dì píng xiàn
lucht (de)	空气	kōng qì
vuurtoren (de)	灯塔	dēng tǎ
duiken (ww)	跳水	tiào shuǐ
zinken (ov. een boot)	沉没	chén mò
schatten (mv.)	宝物	bǎo wù

126. Namen van zeeën en oceanen

Atlantische Oceaan (de)	大西洋	dà xī yáng
Indische Oceaan (de)	印度洋	yìn dù yáng
Stille Oceaan (de)	太平洋	tài píng yáng
Noordelijke IJszee (de)	北冰洋	běi bīng yáng
Zwarte Zee (de)	黑海	hēi hǎi
Rode Zee (de)	红海	hóng hǎi
Gele Zee (de)	黄海	huáng hǎi
Witte Zee (de)	白海	bái hǎi
Kaspische Zee (de)	里海	lǐ hǎi
Dode Zee (de)	死海	sǐ hǎi
Middellandse Zee (de)	地中海	dìzhōng hǎi
Egeïsche Zee (de)	爱琴海	àiqín hǎi
Adriatische Zee (de)	亚得里亚海	yàdélǐyà hǎi
Arabische Zee (de)	阿拉伯海	ālābó hǎi
Japanse Zee (de)	日本海	rìběn hǎi
Beringzee (de)	白令海	báilìng hǎi

Zuid-Chinese Zee (de)	南海	nán hǎi
Koraalzee (de)	珊瑚海	shānhú hǎi
Tasmanzee (de)	塔斯曼海	tǎsīmàn hǎi
Caribische Zee (de)	加勒比海	jiālèbǐ hǎi
Barentszzee (de)	巴伦支海	bālúnzhī hǎi
Karische Zee (de)	喀拉海	kālā hǎi
Noordzee (de)	北海	běi hǎi
Baltische Zee (de)	波罗的海	bōluódì hǎi
Noorse Zee (de)	挪威海	nuówēi hǎi

127. Bergen

berg (de)	山	shān
bergketen (de)	山脉	shān mài
gebergte (het)	山脊	shān jǐ
bergtop (de)	山顶	shān dǐng
bergpiek (de)	山峰	shān fēng
voet (ov. de berg)	山脚	shān jiǎo
helling (de)	山坡	shān pō
vulkaan (de)	火山	huǒ shān
actieve vulkaan (de)	活火山	huó huǒ shān
uitgedoofde vulkaan (de)	死火山	sǐ huǒ shān
uitbarsting (de)	喷发	pèn fā
krater (de)	火山口	huǒ shān kǒu
magma (het)	岩浆	yán jiāng
lava (de)	熔岩	róng yán
gloeiend (~e lava)	炽热的	chì rè de
kloof (canyon)	峡谷	xiá gǔ
bergkloof (de)	峡谷	xiá gǔ
spleet (de)	裂罅	liè xià
bergpas (de)	山口	shān kǒu
plateau (het)	高原	gāo yuán
klip (de)	悬崖	xuán yá
heuvel (de)	小山	xiǎo shān
gletsjer (de)	冰川，冰河	bīng chuān, bīng hé
waterval (de)	瀑布	pù bù
geiser (de)	间歇泉	jiàn xiē quán
meer (het)	湖	hú
vlakte (de)	平原	píng yuán
landschap (het)	风景	fēng jǐng
echo (de)	回声	huí shēng
alpinist (de)	登山家	dēng shān jiā
bergbeklimmer (de)	攀岩者	pān yán zhě
trotseren (berg ~)	征服	zhēng fú
beklimming (de)	登山	dēng shān

128. Bergen namen

Alpen (de)	阿尔卑斯	āěrbēisī
Mont Blanc (de)	勃朗峰	bólǎngfēng
Pyreneeën (de)	比利牛斯	bǐlìniúsī
Karpaten (de)	喀尔巴阡	kāerbāqiān
Oeralgebergte (het)	乌拉尔山脉	wūlāěr shānmài
Kaukasus (de)	高加索	gāojiāsuǒ
Elbroes (de)	厄尔布鲁士山	èěrbùlǔshìshān
Altaj (de)	阿尔泰	āěrtài
Tiensjan (de)	天山	tiānshān
Pamir (de)	帕米尔高原	pàmǐěr gāoyuán
Himalaya (de)	喜马拉雅山	xǐmǎlāyǎ shān
Everest (de)	珠穆朗玛峰	zhūmùlǎngmǎfēng
Andes (de)	安第斯	āndìsī
Kilimanjaro (de)	乞力马扎罗	qǐlìmǎzháluó

129. Rivieren

rivier (de)	河, 江	hé, jiāng
bron (~ van een rivier)	泉, 泉水	quán, quán shuǐ
rivierbedding (de)	河床	hé chuáng
rivierbekken (het)	流域	liú yù
uitmonden in ...	流入	liú rù
zijrivier (de)	支流	zhī liú
oever (de)	岸	àn
stroming (de)	水流	shuǐ liú
stroomafwaarts (bw)	顺流而下	shùn liú ér xià
stroomopwaarts (bw)	溯流而上	sù liú ér shàng
overstroming (de)	洪水	hóng shuǐ
overstroming (de)	水灾	shuǐ zāi
buiten zijn oevers treden	溢出	yì chū
overstromen (ww)	淹没	yān mò
zandbank (de)	浅水	qiǎn shuǐ
stroomversnelling (de)	急流	jí liú
dam (de)	坝, 堤坝	bà, dī bà
kanaal (het)	运河	yùn hé
spaarbekken (het)	水库	shuǐ kù
sluis (de)	水闸	shuǐ zhá
waterlichaam (het)	水体	shuǐ tǐ
moeras (het)	沼泽	zhǎo zé
broek (het)	烂泥塘	làn ní táng
draaikolk (de)	漩涡	xuàn wō
stroom (de)	小溪	xiǎo xī

drink- (abn)	饮用的	yǐn yòng de
zoet (~ water)	淡水的	dàn shuǐ de
IJs (het)	冰	bīng
bevriezen (rivier, enz.)	封冻	fēng dòng

130. Namen van rivieren

Seine (de)	塞纳河	sènà hé
Loire (de)	卢瓦尔河	lúwǎěr hé
Theems (de)	泰晤士河	tàiwùshì hé
Rijn (de)	莱茵河	láiyīn hé
Donau (de)	多瑙河	duōnǎo hé
Wolga (de)	伏尔加河	fúěrjiā hé
Don (de)	顿河	dùn hé
Lena (de)	勒拿河	lèná hé
Gele Rivier (de)	黄河	huáng hé
Blauwe Rivier (de)	长江	chángjiāng
Mekong (de)	湄公河	méigōng hé
Ganges (de)	恒河	héng hé
Nijl (de)	尼罗河	níluó hé
Kongo (de)	刚果河	gāngguǒ hé
Okavango (de)	奥卡万戈河	àokǎwàngē hé
Zambezi (de)	赞比亚河	zànbǐyà hé
Limpopo (de)	林波波河	línbōbō hé
Mississippi (de)	密西西比河	mìxīxībǐ hé

131. Bos

bos (het)	森林, 树林	sēn lín, shù lín
bos- (abn)	树林的	shù lín de
oerwoud (dicht bos)	密林	mì lín
bosje (klein bos)	小树林	xiǎo shù lín
open plek (de)	林中草地	lín zhōng cǎo dì
struikgewas (het)	灌木丛	guàn mù cóng
struiken (mv.)	灌木林	guàn mù lín
paadje (het)	小道	xiǎo dào
ravijn (het)	冲沟	chōng gōu
boom (de)	树, 乔木	shù, qiáo mù
blad (het)	叶子	yè zi
gebladerte (het)	树叶	shù yè
vallende bladeren (mv.)	落叶	luò yè
vallen (ov. de bladeren)	凋落	diāo luò

boomtop (de)	树梢	shù shāo
tak (de)	树枝	shù zhī
ent (de)	粗树枝	cū shù zhī
knop (de)	芽	yá
naald (de)	针叶	zhēn yè
dennenappel (de)	球果	qiú guǒ
boom holte (de)	树洞	shù dòng
nest (het)	鸟窝	niǎo wō
hol (het)	洞穴，兽穴	dòng xué, shòu xué
stam (de)	树干	shù gàn
wortel (bijv. boom~s)	树根	shù gēn
schors (de)	树皮	shùpí
mos (het)	苔藓	tái xiǎn
ontwortelen (een boom)	根除	gēn chú
kappen (een boom ~)	砍倒	kǎn dǎo
ontbossen (ww)	砍伐森林	kǎn fá sēn lín
stronk (de)	树桩	shù zhuāng
kampvuur (het)	篝火	gōu huǒ
bosbrand (de)	森林火灾	sēn lín huǒ zāi
blussen (ww)	扑灭	pū miè
boswachter (de)	护林员	hù lín yuán
bescherming (de)	保护	bǎo hù
beschermen (bijv. de natuur ~)	保护	bǎo hù
stroper (de)	偷猎者	tōu liè zhě
val (de)	陷阱	xiàn jǐng
plukken (vruchten, enz.)	采集	cǎi jí
verdwalen (de weg kwijt zijn)	迷路	mí lù

132. Natuurlijke hulpbronnen

natuurlijke rijkdommen (mv.)	自然资源	zìrán zī yuán
delfstoffen (mv.)	矿物	kuàng wù
lagen (mv.)	矿层	kuàng céng
veld (bijv. olie~)	矿田	kuàng tián
winnen (uit erts ~)	开采	kāi cǎi
winning (de)	采矿业	cǎi kuàng yè
erts (het)	矿石	kuàng shí
mijn (bijv. kolenmijn)	矿，矿山	kuàng, kuàng shān
mijnschacht (de)	矿井	kuàng jǐng
mijnwerker (de)	矿工	kuàng gōng
gas (het)	煤气	méi qì
gasleiding (de)	煤气管道	méi qì guǎn dào
olie (aardolie)	石油	shí yóu
olieleiding (de)	油管	yóu guǎn

oliebron (de)	石油钻塔	shí yóu zuān tǎ
boortoren (de)	钻油塔	zuān yóu tǎ
tanker (de)	油船，油轮	yóu chuán, yóu lún
zand (het)	沙，沙子	shā, shā zi
kalksteen (de)	石灰石	shí huī shí
grind (het)	砾石	lì shí
veen (het)	泥煤	ní méi
klei (de)	粘土	nián tǔ
steenkool (de)	煤	méi
IJzer (het)	铁	tiě
goud (het)	黄金	huáng jīn
zilver (het)	银	yín
nikkel (het)	镍	niè
koper (het)	铜	tóng
zink (het)	锌	xīn
mangaan (het)	锰	měng
kwik (het)	水银	shuǐ yín
lood (het)	铅	qiān
mineraal (het)	矿物	kuàng wù
kristal (het)	结晶	jié jīng
marmer (het)	大理石	dà lǐ shí
uraan (het)	铀	yóu

De Aarde. Deel 2

133. Weer

weer (het)	天气	tiān qì
weersvoorspelling (de)	气象预报	qìxiàng yùbào
temperatuur (de)	温度	wēn dù
thermometer (de)	温度表	wēn dù biǎo
barometer (de)	气压表	qì yā biǎo
vochtigheid (de)	空气湿度	kōng qì shī dù
hitte (de)	炎热	yán rè
heet (bn)	热的	rè de
het is heet	天气热	tiān qì rè
het is warm	天气暖	tiān qì nuǎn
warm (bn)	暖和的	nuǎn huo de
het is koud	天气冷	tiān qì lěng
koud (bn)	冷的	lěng de
zon (de)	太阳	tài yáng
schijnen (de zon)	发光	fā guāng
zonnig (~e dag)	阳光充足的	yáng guāng chōng zú de
opgaan (ov. de zon)	升起	shēng qǐ
ondergaan (ww)	落山	luò shān
wolk (de)	云	yún
bewolkt (bn)	多云的	duō yún de
regenwolk (de)	乌云	wū yún
somber (bn)	阴沉的	yīn chén de
regen (de)	雨	yǔ
het regent	下雨	xià yǔ
regenachtig (bn)	雨 ···，多雨的	yǔ ..., duō yǔ de
motregenen (ww)	下毛毛雨	xià máo máo yǔ
plensbui (de)	倾盆大雨	qīng pén dà yǔ
stortbui (de)	暴雨	bào yǔ
hard (bn)	大 ···	dà ...
plas (de)	水洼	shuǐ wā
nat worden (ww)	淋湿	lín shī
mist (de)	雾气	wù qì
mistig (bn)	多雾的	duō wù de
sneeuw (de)	雪	xuě
het sneeuwt	下雪	xià xuě

134. Zwaar weer. Natuurrampen

noodweer (storm)	大雷雨	dà léi yǔ
bliksem (de)	闪电	shǎn diàn
flitsen (ww)	闪光	shǎn guāng
donder (de)	雷，雷声	léi, léi shēng
donderen (ww)	打雷	dǎ léi
het dondert	打雷	dǎ léi
hagel (de)	雹子	báo zi
het hagelt	下冰雹	xià bīng báo
overstromen (ww)	淹没	yān mò
overstroming (de)	洪水	hóng shuǐ
aardbeving (de)	地震	dì zhèn
aardschok (de)	震动	zhèn dòng
epicentrum (het)	震中	zhèn zhōng
uitbarsting (de)	喷发	pèn fā
lava (de)	熔岩	róng yán
wervelwind (de)	旋风	xuànfēng
windhoos (de)	龙卷风	lóng juàn fēng
tyfoon (de)	台风	tái fēng
orkaan (de)	飓风	jù fēng
storm (de)	风暴	fēng bào
tsunami (de)	海啸	hǎi xiào
cycloon (de)	气旋	qì xuán
onweer (het)	恶劣天气	è liè tiān qì
brand (de)	火灾	huǒ zāi
ramp (de)	灾难	zāi nàn
meteoriet (de)	陨石	yǔn shí
lawine (de)	雪崩	xuě bēng
sneeuwverschuiving (de)	雪崩	xuě bēng
sneeuwjacht (de)	暴风雪	bào fēng xuě
sneeuwstorm (de)	暴风雪	bào fēng xuě

Fauna

135. Zoogdieren. Roofdieren

roofdier (het)	捕食者	bǔ shí zhě
tijger (de)	老虎	lǎo hǔ
leeuw (de)	狮子	shī zi
wolf (de)	狼	láng
vos (de)	狐狸	húli
jaguar (de)	美洲豹	měi zhōu bào
luipaard (de)	豹	bào
jachtluipaard (de)	猎豹	liè bào
panter (de)	豹	bào
poema (de)	美洲狮	měi zhōu shī
sneeuwluipaard (de)	雪豹	xuě bào
lynx (de)	猞猁	shē lì
coyote (de)	丛林狼	cóng lín láng
jakhals (de)	豺	chái
hyena (de)	鬣狗	liè gǒu

136. Wilde dieren

dier (het)	动物	dòng wù
beest (het)	兽	shòu
eekhoorn (de)	松鼠	sōng shǔ
egel (de)	刺猬	cì wei
haas (de)	野兔	yě tù
konijn (het)	家兔	jiā tù
das (de)	獾	huān
wasbeer (de)	浣熊	huàn xióng
hamster (de)	仓鼠	cāng shǔ
marmot (de)	土拨鼠	tǔ bō shǔ
mol (de)	鼹鼠	yǎn shǔ
muis (de)	老鼠	lǎo shǔ
rat (de)	大家鼠	dà jiā shǔ
vleermuis (de)	蝙蝠	biān fú
hermelijn (de)	白鼬	bái yòu
sabeldier (het)	黑貂	hēi diāo
marter (de)	貂	diāo
wezel (de)	银鼠	yín shǔ
nerts (de)	水貂	shuǐ diāo

bever (de)	海狸	hǎi lí
otter (de)	水獭	shuǐ tǎ
paard (het)	马	mǎ
eland (de)	驼鹿	tuó lù
hert (het)	鹿	lù
kameel (de)	骆驼	luò tuo
bizon (de)	美洲野牛	měizhōu yěniú
oeros (de)	欧洲野牛	oūzhōu yěniú
buffel (de)	水牛	shuǐ niú
zebra (de)	斑马	bān mǎ
antilope (de)	羚羊	líng yáng
ree (de)	狍子	páo zi
damhert (het)	扁角鹿	biǎn jiǎo lù
gems (de)	岩羚羊	yán líng yáng
everzwijn (het)	野猪	yě zhū
walvis (de)	鲸	jīng
rob (de)	海豹	hǎi bào
walrus (de)	海象	hǎi xiàng
zeehond (de)	海狗	hǎi gǒu
dolfijn (de)	海豚	hǎi tún
beer (de)	熊	xióng
IJsbeer (de)	北极熊	běi jí xióng
panda (de)	熊猫	xióng māo
aap (de)	猴子	hóu zi
chimpansee (de)	黑猩猩	hēi xīng xing
orang-oetan (de)	猩猩	xīng xing
gorilla (de)	大猩猩	dà xīng xing
makaak (de)	猕猴	mí hóu
gibbon (de)	长臂猿	cháng bì yuán
olifant (de)	象	xiàng
neushoorn (de)	犀牛	xī niú
giraffe (de)	长颈鹿	cháng jǐng lù
nijlpaard (het)	河马	hé mǎ
kangoeroe (de)	袋鼠	dài shǔ
koala (de)	树袋熊	shù dài xióng
mangoest (de)	猫鼬	māo yòu
chinchilla (de)	毛丝鼠	máo sī shǔ
stinkdier (het)	臭鼬	chòu yòu
stekelvarken (het)	箭猪	jiàn zhū

137. Huisdieren

poes (de)	母猫	mǔ māo
kater (de)	雄猫	xióng māo
paard (het)	马	mǎ

hengst (de)	公马	gōng mǎ
merrie (de)	母马	mǔ mǎ
koe (de)	母牛	mǔ niú
stier (de)	公牛	gōng niú
os (de)	阉牛	yān niú
schaap (het)	羊，绵羊	yáng, mián yáng
ram (de)	公绵羊	gōng mián yáng
geit (de)	山羊	shān yáng
bok (de)	公山羊	gōng shān yáng
ezel (de)	驴	lǘ
muilezel (de)	骡子	luó zi
varken (het)	猪	zhū
biggetje (het)	小猪	xiǎo zhū
konijn (het)	家兔	jiā tù
kip (de)	母鸡	mǔ jī
haan (de)	公鸡	gōng jī
eend (de)	鸭子	yā zi
woerd (de)	公鸭子	gōng yā zi
gans (de)	鹅	é
kalkoen haan (de)	雄火鸡	xióng huǒ jī
kalkoen (de)	火鸡	huǒ jī
huisdieren (mv.)	家畜	jiā chù
tam (bijv. hamster)	驯化的	xùn huà de
temmen (tam maken)	驯化	xùn huà
fokken (bijv. paarden ~)	饲养	sì yǎng
boerderij (de)	农场	nóng chǎng
gevogelte (het)	家禽	jiā qín
rundvee (het)	牲畜	shēng chù
kudde (de)	群	qún
paardenstal (de)	马厩	mǎ jiù
zwijnenstal (de)	猪圈	zhū jiàn
koeienstal (de)	牛棚	niú péng
konijnenhok (het)	兔舍	tù shè
kippenhok (het)	鸡窝	jī wō

138. Vogels

vogel (de)	鸟	niǎo
duif (de)	鸽子	gē zi
mus (de)	麻雀	má què
koolmees (de)	山雀	shān què
ekster (de)	喜鹊	xǐ què
raaf (de)	渡鸦	dù yā
kraai (de)	乌鸦	wū yā

kauw (de)	穴鸟	xué niǎo
roek (de)	秃鼻乌鸦	tū bí wū yā
eend (de)	鸭子	yā zi
gans (de)	鹅	é
fazant (de)	野鸡	yě jī
arend (de)	鹰	yīng
havik (de)	鹰, 隼	yīng, sǔn
valk (de)	隼, 猎鹰	sǔn, liè yīng
gier (de)	秃鹫	tū jiù
condor (de)	神鹰	shén yīng
zwaan (de)	天鹅	tiān é
kraanvogel (de)	鹤	hè
ooievaar (de)	鹳	guàn
papegaai (de)	鹦鹉	yīng wǔ
kolibrie (de)	蜂鸟	fēng niǎo
pauw (de)	孔雀	kǒng què
struisvogel (de)	鸵鸟	tuó niǎo
reiger (de)	鹭	lù
flamingo (de)	火烈鸟	huǒ liè niǎo
pelikaan (de)	鹈鹕	tí hú
nachtegaal (de)	夜莺	yè yīng
zwaluw (de)	燕子	yàn zi
lijster (de)	田鸫	tián dōng
zanglijster (de)	歌鸠	gē jiū
merel (de)	乌鸫	wū dōng
gierzwaluw (de)	雨燕	yǔ yàn
leeuwerik (de)	云雀	yún què
kwartel (de)	鹌鹑	ān chún
specht (de)	啄木鸟	zhuó mù niǎo
koekoek (de)	布谷鸟	bù gǔ niǎo
uil (de)	猫头鹰	māo tóu yīng
oehoe (de)	雕号鸟	diāo hào niǎo
auerhoen (het)	松鸡	sōng jī
korhoen (het)	黑琴鸡	hēi qín jī
patrijs (de)	山鹑	shān chún
spreeuw (de)	椋鸟	liáng niǎo
kanarie (de)	金丝雀	jīn sī què
hazelhoen (het)	花尾榛鸡	huā yǐ qín jī
vink (de)	苍头燕雀	cāng tóu yàn què
goudvink (de)	红腹灰雀	hóng fù huī què
meeuw (de)	海鸥	hǎi ōu
albatros (de)	信天翁	xìn tiān wēng
pinguïn (de)	企鹅	qǐ é

139. Vis. Zeedieren

brasem (de)	鳊鱼	biān yú
karper (de)	鲤鱼	lǐyú
baars (de)	鲈鱼	lú yú
meerval (de)	鲶鱼	nián yú
snoek (de)	狗鱼	gǒu yú
zalm (de)	鲑鱼	guī yú
steur (de)	鲟鱼	xú nyú
haring (de)	鲱鱼	fēi yú
atlantische zalm (de)	大西洋鲑	dà xī yáng guī
makreel (de)	鲭鱼	qīng yú
platvis (de)	比目鱼	bǐ mù yú
snoekbaars (de)	白梭吻鲈	bái suō wěn lú
kabeljauw (de)	鳕鱼	xuě yú
tonijn (de)	金枪鱼	jīn qiāng yú
forel (de)	鳟鱼	zūn yú
paling (de)	鳗鱼，鳝鱼	mán yú, shàn yú
sidderrog (de)	电鳐目	diàn yáo mù
murene (de)	海鳝	hǎi shàn
piranha (de)	食人鱼	shí rén yú
haai (de)	鲨鱼	shā yú
dolfijn (de)	海豚	hǎi tún
walvis (de)	鲸	jīng
krab (de)	螃蟹	páng xiè
kwal (de)	海蜇	hǎi zhē
octopus (de)	章鱼	zhāng yú
zeester (de)	海星	hǎi xīng
zee-egel (de)	海胆	hǎi dǎn
zeepaardje (het)	海马	hǎi mǎ
oester (de)	牡蛎	mǔ lì
garnaal (de)	虾，小虾	xiā, xiǎo xiā
kreeft (de)	鳌龙虾	áo lóng xiā
langoest (de)	龙虾科	lóng xiā kē

140. Amfibieën. Reptielen

slang (de)	蛇	shé
giftig (slang)	有毒的	yǒu dú de
adder (de)	蝮蛇	fù shé
cobra (de)	眼镜蛇	yǎn jìng shé
python (de)	蟒蛇	mǎng shé
boa (de)	大蟒蛇	dà mǎng shé
ringslang (de)	水游蛇	shuǐ yóu shé

ratelslang (de)	响尾蛇	xiǎng wěi shé
anaconda (de)	森蚺	sēn rán
hagedis (de)	蜥蜴	xī yì
leguaan (de)	鬣鳞蜥	liè lín xī
varaan (de)	巨蜥	jù xī
salamander (de)	蝾螈	róng yuán
kameleon (de)	变色龙	biàn sè lóng
schorpioen (de)	蝎子	xiē zi
schildpad (de)	龟	guī
kikker (de)	青蛙	qīng wā
pad (de)	蟾蜍	chán chú
krokodil (de)	鳄鱼	è yú

141. Insecten

insect (het)	昆虫	kūn chóng
vlinder (de)	蝴蝶	hú dié
mier (de)	蚂蚁	mǎ yǐ
vlieg (de)	苍蝇	cāng ying
mug (de)	蚊子	wén zi
kever (de)	甲虫	jiǎ chóng
wesp (de)	黄蜂	huáng fēng
bij (de)	蜜蜂	mì fēng
hommel (de)	熊蜂	xióng fēng
horzel (de)	牛虻	niú méng
spin (de)	蜘蛛	zhī zhū
spinnenweb (het)	蜘蛛网	zhī zhū wǎng
libel (de)	蜻蜓	qīng tíng
sprinkhaan (de)	蝗虫	huáng chóng
nachtvlinder (de)	蛾	é
kakkerlak (de)	蟑螂	zhāng láng
mijt (de)	壁虱	bì shī
vlo (de)	跳蚤	tiào zao
kriebelmug (de)	蠓	měng
treksprinkhaan (de)	蝗虫	huáng chóng
slak (de)	蜗牛	wō niú
krekel (de)	蟋蟀	xī shuài
glimworm (de)	萤火虫	yíng huǒ chóng
lieveheersbeestje (het)	瓢虫	piáo chóng
meikever (de)	大傈鳃角金龟	dà lì sāi jiǎo jīn guī
bloedzuiger (de)	水蛭	shuǐ zhì
rups (de)	毛虫	máo chóng
aardworm (de)	虫，蠕虫	chóng, rú chóng
larve (de)	幼虫	yòu chóng

Flora

142. Bomen

boom (de)	树, 乔木	shù, qiáo mù
loof- (abn)	每年落叶的	měi nián luò yè de
dennen- (abn)	针叶树	zhēn yè shù
groenblijvend (bn)	常绿树	cháng lǜ shù
appelboom (de)	苹果树	píngguǒ shù
perenboom (de)	梨树	lí shù
zoete kers (de)	欧洲甜樱桃树	ōuzhōu tián yīngtáo shù
zure kers (de)	樱桃树	yīngtáo shù
pruimelaar (de)	李树	lǐ shù
berk (de)	白桦, 桦树	bái huà, huà shù
eik (de)	橡树	xiàng shù
linde (de)	椴树	duàn shù
esp (de)	山杨	shān yáng
esdoorn (de)	枫树	fēng shù
spar (de)	枞树, 杉树	cōng shù, shān shù
den (de)	松树	sōng shù
lariks (de)	落叶松	luò yè sōng
zilverspar (de)	冷杉	lěng shān
ceder (de)	雪松	xuě sōng
populier (de)	杨	yáng
lijsterbes (de)	花楸	huā qiū
wilg (de)	柳树	liǔ shù
els (de)	赤杨	chì yáng
beuk (de)	山毛榉	shān máo jǔ
iep (de)	榆树	yú shù
es (de)	白腊树	bái là shù
kastanje (de)	栗树	lì shù
magnolia (de)	木兰	mù lán
palm (de)	棕榈树	zōng lǘ shù
cipres (de)	柏树	bǎi shù
baobab (apenbroodboom)	猴面包树	hóu miàn bāo shù
eucalyptus (de)	桉树	ān shù
mammoetboom (de)	红杉	hóng shān

143. Heesters

struik (de)	灌木	guàn mù
heester (de)	灌木	guàn mù

wijnstok (de)	葡萄	pú tao
wijngaard (de)	葡萄园	pú táo yuán
frambozenstruik (de)	悬钩栗	xuán gōu lì
rode bessenstruik (de)	红醋栗	hóng cù lì
kruisbessenstruik (de)	醋栗	cù lì
acacia (de)	金合欢	jīn hé huān
zuurbes (de)	小檗	xiǎo bò
jasmijn (de)	茉莉	mò li
jeneverbes (de)	刺柏	cì bǎi
rozenstruik (de)	玫瑰丛	méi guī cóng
hondsroos (de)	犬蔷薇	quǎn qiáng wēi

144. Vruchten. Bessen

appel (de)	苹果	píng guǒ
peer (de)	梨	lí
pruim (de)	李子	lǐ zi
aardbei (de)	草莓	cǎo méi
zure kers (de)	樱桃	yīngtáo
zoete kers (de)	欧洲甜樱桃	oūzhōu tián yīngtáo
druif (de)	葡萄	pú tao
framboos (de)	覆盆子	fù pén zi
zwarte bes (de)	黑醋栗	hēi cù lì
rode bes (de)	红醋栗	hóng cù lì
kruisbes (de)	醋栗	cù lì
veenbes (de)	小红莓	xiǎo hóng méi
sinaasappel (de)	橙子	chén zi
mandarijn (de)	橘子	jú zi
ananas (de)	菠萝	bō luó
banaan (de)	香蕉	xiāng jiāo
dadel (de)	海枣	hǎi zǎo
citroen (de)	柠檬	níng méng
abrikoos (de)	杏子	xìng zi
perzik (de)	桃子	táo zi
kiwi (de)	猕猴桃	mí hóu táo
grapefruit (de)	葡萄柚	pú tao yòu
bes (de)	浆果	jiāng guǒ
bessen (mv.)	浆果	jiāng guǒ
vossenbes (de)	越橘	yuè jú
bosaardbei (de)	草莓	cǎo méi
bosbes (de)	越橘	yuè jú

145. Bloemen. Planten

bloem (de)	花	huā
boeket (het)	花束	huā shù

roos (de)	玫瑰	méi guī
tulp (de)	郁金香	yù jīn xiāng
anjer (de)	康乃馨	kāng nǎi xīn
gladiool (de)	唐菖蒲	táng chāng pú
korenbloem (de)	矢车菊	shǐ chē jú
klokje (het)	风铃草	fēng líng cǎo
paardenbloem (de)	蒲公英	pú gōng yīng
kamille (de)	甘菊	gān jú
aloë (de)	芦荟	lúhuì
cactus (de)	仙人掌	xiān rén zhǎng
ficus (de)	橡胶树	xiàng jiāo shù
lelie (de)	百合花	bǎi hé huā
geranium (de)	天竺葵	tiān zhú kuí
hyacint (de)	风信子	fēng xìn zǐ
mimosa (de)	含羞草	hán xiū cǎo
narcis (de)	水仙	shuǐ xiān
Oostindische kers (de)	旱金莲	hàn jīn lián
orchidee (de)	兰花	lán huā
pioenroos (de)	芍药	sháo yao
viooltje (het)	紫罗兰	zǐ luó lán
driekleurig viooltje (het)	三色堇	sān sè jǐn
vergeet-mij-nietje (het)	勿忘草	wù wàng cǎo
madeliefje (het)	雏菊	chú jú
papaver (de)	罂粟	yīng sù
hennep (de)	大麻	dà má
munt (de)	薄荷	bó hé
lelietje-van-dalen (het)	铃兰	líng lán
sneeuwklokje (het)	雪花莲	xuě huā lián
brandnetel (de)	荨麻	qián má
veldzuring (de)	酸模	suān mó
waterlelie (de)	睡莲	shuì lián
varen (de)	蕨	jué
korstmos (het)	地衣	dì yī
oranjerie (de)	温室	wēn shì
gazon (het)	草坪	cǎo píng
bloemperk (het)	花坛，花圃	huā tán, huā pǔ
plant (de)	植物	zhí wù
gras (het)	草	cǎo
grasspriet (de)	叶片	yè piàn
blad (het)	叶子	yè zi
bloemblad (het)	花瓣	huā bàn
stengel (de)	茎	jīng
knol (de)	块茎	kuài jīng
scheut (de)	芽	yá

doorn (de)	刺	cì
bloeien (ww)	开花	kāi huā
verwelken (ww)	枯萎	kū wěi
geur (de)	香味	xiāng wèi
snijden (bijv. bloemen ~)	切	qiē
plukken (bloemen ~)	采，摘	cǎi, zhāi

146. Granen, graankorrels

graan (het)	谷物	gǔ wù
graangewassen (mv.)	谷类作物	gǔ lèi zuò wù
aar (de)	穗	suì
tarwe (de)	小麦	xiǎo mài
rogge (de)	黑麦	hēi mài
haver (de)	燕麦	yàn mài
gierst (de)	粟，小米	sù, xiǎo mǐ
gerst (de)	大麦	dàmài
maïs (de)	玉米	yù mǐ
rijst (de)	稻米	dào mǐ
boekweit (de)	荞麦	qiáo mài
erwt (de)	豌豆	wān dòu
boon (de)	四季豆	sì jì dòu
soja (de)	黄豆	huáng dòu
linze (de)	兵豆	bīng dòu
bonen (mv.)	豆子	dòu zi

LANDEN. NATIONALITEITEN

147. West-Europa

Europa (het)	欧洲	ōuzhōu
Europese Unie (de)	欧盟	ōuméng
Oostenrijk (het)	奥地利	àodìlì
Groot-Brittannië (het)	大不列颠	dàbùlièdiān
Engeland (het)	英国	yīngguó
België (het)	比利时	bǐlìshí
Duitsland (het)	德国	dé guó
Nederland (het)	荷兰	hélán
Holland (het)	荷兰	hélán
Griekenland (het)	希腊	xīlà
Denemarken (het)	丹麦	dānmài
Ierland (het)	爱尔兰	aìěrlán
IJsland (het)	冰岛	bīngdǎo
Spanje (het)	西班牙	xībānyá
Italië (het)	意大利	yìdàlì
Cyprus (het)	塞浦路斯	sàipǔlùsī
Malta (het)	马耳他	mǎěrtā
Noorwegen (het)	挪威	nuówēi
Portugal (het)	葡萄牙	pútáoyá
Finland (het)	芬兰	fēnlán
Frankrijk (het)	法国	fǎguó
Zweden (het)	瑞典	ruìdiǎn
Zwitserland (het)	瑞士	ruìshì
Schotland (het)	苏格兰	sūgélán
Vaticaanstad (de)	梵蒂冈	fàndìgāng
Liechtenstein (het)	列支敦士登	lièzhīdūnshìdēng
Luxemburg (het)	卢森堡	lúsēnbǎo
Monaco (het)	摩纳哥	mónàgē

148. Centraal- en Oost-Europa

Albanië (het)	阿尔巴尼亚	āěrbāníyà
Bulgarije (het)	保加利亚	bǎojiālìyà
Hongarije (het)	匈牙利	xiōngyálì
Letland (het)	拉脱维亚	lātuōwéiyà
Litouwen (het)	立陶宛	lìtáowǎn
Polen (het)	波兰	bōlán

Roemenië (het)	罗马尼亚	luómǎníyà
Servië (het)	塞尔维亚	sāiěrwéiyà
Slowakije (het)	斯洛伐克	sīluòfákè
Kroatië (het)	克罗地亚	kèluódìyà
Tsjechië (het)	捷克共和国	jiékè gònghéguó
Estland (het)	爱沙尼亚	àishāníyà
Bosnië en Herzegovina (het)	波斯尼亚-黑塞哥维那	bōsīníyà hēisègēwéinà
Macedonië (het)	马其顿	mǎqídùn
Slovenië (het)	斯洛文尼亚	sīluòwénníyà
Montenegro (het)	黑山	hēishān

149. Voormalige USSR landen

Azerbeidzjan (het)	阿塞拜疆	āsàibàijiāng
Armenië (het)	亚美尼亚	yàměiníyà
Wit-Rusland (het)	白俄罗斯	báiéluósī
Georgië (het)	格鲁吉亚	gélǔjíyà
Kazakstan (het)	哈萨克斯坦	hāsàkèsītǎn
Kirgizië (het)	吉尔吉斯	jíěrjísī
Moldavië (het)	摩尔多瓦	móěrduōwǎ
Rusland (het)	俄罗斯	éluósī
Oekraïne (het)	乌克兰	wūkèlán
Tadzjikistan (het)	塔吉克斯坦	tǎjíkèsītǎn
Turkmenistan (het)	土库曼斯坦	tǔkùmànsītǎn
Oezbekistan (het)	乌兹别克斯坦	wūzībiékèsītǎn

150. Azië

Azië (het)	亚洲	yàzhōu
Vietnam (het)	越南	yuènán
India (het)	印度	yìndù
Israël (het)	以色列	yīsèliè
China (het)	中国	zhōngguó
Libanon (het)	黎巴嫩	líbānèn
Mongolië (het)	蒙古	ménggǔ
Maleisië (het)	马来西亚	mǎláixīyà
Pakistan (het)	巴基斯坦	bājīsītǎn
Saoedi-Arabië (het)	沙特阿拉伯	shātè ālābó
Thailand (het)	泰国	tàiguó
Taiwan (het)	台湾	táiwān
Turkije (het)	土耳其	tǔěrqí
Japan (het)	日本	rìběn
Afghanistan (het)	阿富汗	āfùhàn
Bangladesh (het)	孟加拉国	mèngjiālāguó

Indonesië (het)	印度尼西亚	yìndùníxīyà
Jordanië (het)	约旦	yuēdàn
Irak (het)	伊拉克	yīlākè
Iran (het)	伊朗	yīlǎng
Cambodja (het)	柬埔寨	jiǎnpǔzhài
Koeweit (het)	科威特	kēwēitè
Laos (het)	老挝	lǎowō
Myanmar (het)	缅甸	miǎndiàn
Nepal (het)	尼泊尔	níbóěr
Verenigde Arabische Emiraten	阿联酋	ēliánqiú
Syrië (het)	叙利亚	xùlìyà
Palestijnse autonomie (de)	巴勒斯坦	bālèsītǎn
Zuid-Korea (het)	韩国	hánguó
Noord-Korea (het)	北朝鲜	běicháoxiǎn

151. Noord-Amerika

Verenigde Staten van Amerika	美国	měiguó
Canada (het)	加拿大	jiānádà
Mexico (het)	墨西哥	mòxīgē

152. Midden- en Zuid-Amerika

Argentinië (het)	阿根廷	āgēntíng
Brazilië (het)	巴西	bāxī
Colombia (het)	哥伦比亚	gēlúnbǐyà
Cuba (het)	古巴	gǔbā
Chili (het)	智利	zhìlì
Bolivia (het)	玻利维亚	bōlìwéiyà
Venezuela (het)	委内瑞拉	wěinèiruìlā
Paraguay (het)	巴拉圭	bālāguī
Peru (het)	秘鲁	bìlǔ
Suriname (het)	苏里南	sūlǐnán
Uruguay (het)	乌拉圭	wūlāguī
Ecuador (het)	厄瓜多尔	èguāduōěr
Bahama's (mv.)	巴哈马群岛	bāhāmǎ qúndǎo
Haïti (het)	海地	hǎidì
Dominicaanse Republiek (de)	多米尼加共和国	duōmǐníjiāgònghéguó
Panama (het)	巴拿马	bānámǎ
Jamaica (het)	牙买加	yámǎijiā

153. Afrika

Egypte (het)	埃及	āijí
Marokko (het)	摩洛哥	móluògē
Tunesië (het)	突尼斯	tūnísī
Ghana (het)	加纳	jiā nà
Zanzibar (het)	桑给巴尔	sānggjǐbāěr
Kenia (het)	肯尼亚	kěn ní yà
Libië (het)	利比亚	lìbǐyà
Madagaskar (het)	马达加斯加	mǎdájiāsījiā
Namibië (het)	纳米比亚	nàmǐbǐyà
Senegal (het)	塞内加尔	sàinèijiāěr
Tanzania (het)	坦桑尼亚	tǎnsāngníyà
Zuid-Afrika (het)	南非	nánfēi

154. Australië. Oceanië

Australië (het)	澳大利亚	àodàlìyà
Nieuw-Zeeland (het)	新西兰	xīnxīlán
Tasmanië (het)	塔斯马尼亚	tǎsīmǎníyà
Frans-Polynesië	法属波利尼西亚	fǎshǔ bōlìníxīyà

155. Steden

Amsterdam	阿姆斯特丹	āmǔsītèdān
Ankara	安卡拉	ānkǎlā
Athene	雅典	yǎdiǎn
Bagdad	巴格达	bāgédá
Bangkok	曼谷	màngǔ
Barcelona	巴塞罗那	bāsàiluónà
Beiroet	贝鲁特	bèilǔtè
Berlijn	柏林	bólín
Boedapest	布达佩斯	bùdápèisī
Boekarest	布加勒斯特	bùjiālèsītè
Bombay, Mumbai	孟买	mèngmǎi
Bonn	波恩	bōēn
Bordeaux	波尔多	bōěrduō
Bratislava	布拉蒂斯拉发	bùlādìsīlāfā
Brussel	布鲁塞尔	bùlǔsàiěr
Caïro	开罗	kāiluó
Calcutta	加尔各答	jiāěrgèdá
Chicago	芝加哥	zhījiāgē
Dar Es Salaam	达累斯萨拉姆	dálèisàlāmǔ
Delhi	德里	délǐ
Den Haag	海牙	hǎiyá

Dubai	迪拜	díbài
Dublin	都柏林	dūbólín
Düsseldorf	杜塞尔多夫	dùsàierduōfū
Florence	佛洛伦萨	fóluòlúnsà
Frankfort	法兰克福	fǎlánkèfú
Genève	日内瓦	rìnèiwǎ
Hamburg	汉堡	hàn bǎo
Hanoi	河内	hénèi
Havana	哈瓦那	hāwǎnà
Helsinki	赫尔辛基	hèěrxīnjī
Hiroshima	广岛	guǎngdǎo
Hongkong	香港	xiānggǎng
Istanbul	伊斯坦布尔	yīsītǎnbùěr
Jeruzalem	耶路撒冷	yēlùsālěng
Kiev	基辅	jīfǔ
Kopenhagen	哥本哈根	gēběnhāgēn
Kuala Lumpur	吉隆坡	jílóngpō
Lissabon	里斯本	lǐsīběn
Londen	伦敦	lúndūn
Los Angeles	洛杉矶	luòshānjī
Lyon	里昂	lǐáng
Madrid	马德里	mǎdélǐ
Marseille	马赛	mǎsài
Mexico-Stad	墨西哥城	mòxīgēchéng
Miami	迈阿密	màiāmì
Montreal	蒙特利尔	méngtèlìěr
Moskou	莫斯科	mòsīkē
München	慕尼黑	mùníhēi
Nairobi	内罗毕	nèiluóbì
Napels	那布勒斯	nàbùlēisī
New York	纽约	niǔyuē
Nice	尼斯	nísī
Oslo	奥斯陆	àosīlù
Ottawa	渥太华	wòtàihuá
Parijs	巴黎	bālí
Peking	北京	běijīng
Praag	布拉格	bùlāgé
Rio de Janeiro	里约热内卢	lǐyuērènèilú
Rome	罗马	luómǎ
Seoel	首尔	shǒuěr
Singapore	新加坡	xīnjiāpō
Sint-Petersburg	圣彼得堡	shèngbǐdébǎo
Sjanghai	上海	shànghǎi
Stockholm	斯德哥尔摩	sīdégēěrmó
Sydney	悉尼	xīní
Taipei	台北	táiběi
Tokio	东京	dōngjīng
Toronto	多伦多	duōlúnduō

Venetië	威尼斯	wēinísī
Warschau	华沙	huáshā
Washington	华盛顿哥伦比亚特区	huáshèngdùn gēlúnbǐyà tèqū
Wenen	维也纳	wéiyěnà

www.ingramcontent.com/pod-product-compliance
Lightning Source LLC
Chambersburg PA
CBHW070556050426
42450CB00011B/2891